UNIVERSIDADE FEDERAL DO TOCANTINS
CAMPUS UNIVERSITÁRIO DE PALMAS
Programa de Pós-Graduação em Modelagem Computacional de Sistemas

Wilson Wolf Costa

Aplicação de Otimização por Enxame de Partículas Aprimorada na Solução do Problema da Árvore de Steiner Euclidiano no $\mathbb{R}^n$

Palmas
2019

Wilson Wolf Costa

Aplicação de Otimização por Enxame de Partículas Aprimorada na Solução do Problema da Árvore de Steiner Euclidiano no $\mathbb{R}^n$

Dissertação apresentada ao Programa de Pós-Graduação em Modelagem Computacional de Sistemas, da Universidade Federal do Tocantins, como requisito parcial para obtenção do título de Mestre em Modelagem Computacional de Sistemas.

Orientador: Prof. Dr. Marcelo Lisboa Rocha

Palmas

2019

Dados Internacionais de Catalogação na Publicação (CIP)
Sistema de Bibliotecas da Universidade Federal do Tocantins

C837a   Costa, Wilson Wolf.
       Aplicação de Otimização por Enxame de Partículas Aprimorada na
Solução do Problema da Árvore de Steiner Euclidiano no R^n. / Wilson Wolf
Costa. – Palmas, TO, 2019.
       110 f.

       Dissertação (Mestrado Acadêmico) - Universidade Federal do Tocantins
– Câmpus Universitário de Palmas - Curso de Pós-Graduação (Mestrado) em
Modelagem Computacional de Sistemas, 2019.
       Orientador: Marcelo Lisboa Rocha

       1. Árvore de Steiner Euclidiana. 2. Meta-heurística. 3. Otimização por
Enxame de Partículas Aprimorada. 4. Implementação Distribuída. I. Título

CDD 4

SERVIÇO PÚBLICO FEDERAL
UNIVERSIDADE FEDERAL DO TOCANTINS
PRÓ-REITORIA DE PESQUISA E PÓS-GRADUAÇÃO
COORDENAÇÃO DO PROGRAMA DE PÓS-GRADUAÇÃO
MODELAGEM COMPUTACIONAL DE SISTEMAS

Palmas, 14 de março de 2019.

Aos 14 (quatorze) dias do mês de março de 2019, realizou-se a defesa de dissertação do aluno **WILSON WOLF COSTA**, do Curso de Mestrado em Modelagem Computacional de Sistemas, da Universidade Federal do Tocantins (UFT), intitulada: *"APLICAÇÃO DE OTIMIZAÇÃO POR ENXAME DE PARTÍCULAS APRIMORADA NA SOLUÇÃO DO PROBLEMA DA ÁRVORE DE STEINER EUCLIDIANO NO $\mathbb{R}^{n}$"*, realizada sob a Orientação do Professor Dr. **MARCELO LISBOA ROCHA**, tendo como banca avaliadora, os professores abaixo relacionados.

Atribuíram a Nota Final___A___ (_____)
pelo trabalho, tendo sido considerado ___APROVADO___. Nada mais tendo a constar, assinam esta Ata os professores componentes da banca.
Observações:_____

_____

_____

_____
Professor Marcelo Lisboa Rocha, Dr.
Orientador – PPGMCS

_____
Professor David Nadler Prata, Dr.
PPGMCS – Membro Interno

_____
Professor Wosley da Costa Arruda, Dr.
Universidade Federal do Tocantins – Membro Externo

A minha esposa e filhos, com amor!

AGRADECIMENTOS

Ao Senhor Deus, fonte de tudo e merecedor de toda glória;

A meus pais, Walter Alves Costa e Celina Wolf Costa, por todo amor, incentivo e cuidado com minha educação familiar e formal;

A minha esposa Elenice Batista de Lima Costa pelo apoio e compreensão nos momentos em que me dediquei a esta obra;

A meus filhos, Miriã e Samuel, minha inspiração para ser e fazer melhor;

Ao Prof. Dr. Marcelo Lisboa Rocha, pela valiosa e preciosa orientação, ao longo deste longo processo;

Ao Programa de Pós-Graduação em Modelagem Computacional de Sistemas, na pessoa de seu coordenador, Prof. Dr. David Nadler Prata;

Às instituições que participaram direta ou indiretamente na elaboração deste trabalho, Instituto Federal do Tocantins, Tribunal Regional Eleitoral do Tocantins, Instituto de Ensino e Pesquisas Objetivo;

Aos meus professores, todos eles, desde a saudosa Dona Nair, que me alfabetizou.

RESUMO

Dado um conjunto fixo de pontos em um espaço N-dimensional ($N \geq 3$) com métrica euclidiana, o Problema da Árvore de Steiner Euclidiano no $\mathbb{R}^n$ consiste em encontrar uma árvore de menor comprimento que ligue todos estes pontos usando, se necessário, pontos extras (pontos de Steiner). A busca desta solução é um problema NP-difícil. Este trabalho apresenta uma meta-heurística modificada baseada em Otimização por Enxame de Partículas Aprimorada para o problema considerado. Finalmente, experimentos computacionais comparam o desempenho da heurística proposta, considerando a qualidade da solução e o tempo computacional, em relação a trabalhos anteriores na literatura.

ABSTRACT

Given a fixed set of points in a N-dimensional space ($N \geq 3$) with Euclidean metric, the Euclidean Steiner Tree Problem in $\mathbb{R}^n$ consists on finding a minimum length tree that spans all these points using, if necessary, extra points (Steiner points). The finding of such solution is a NP-hard problem. This work presents a modified metaheuristic based on Improved Particle Swarm Optimization to the problem considered. Finally, computational experiments compare the performance of the proposed heuristic, considering solution's quality and computational time, regard to previous works in the literature.

LISTA DE ILUSTRAÇÕES

Figura 1 - Ponto de Torricelli 19

Figura 2 - Ângulos entre os segmentos formados pelos vértices ao ponto de Torricelli..........20

Figura 3 - Construção de Simpson para obtenção do ponto de Torricelli. 20

Figura 4 - Triângulo com um ângulo interno maior que 120º 21

Figura 5 - Árvore Geradora Mínima à esquerda e Problema de Fermat à direita 22

Figura 6 - Projeção ortogonal de um ponto no plano formado pelos pontos ABC dados.......23

Figura 7 - Problema de Steiner, à esquerda e Problema de Fermat, à direita.........................24

Figura 8 - Formulação Matemática para o problema da Árvore de Steiner Euclidiana no $\mathbb{R}^n$ 29

Figura 9 - Vetores exemplificando a nova posição da partícula...31

Figura 10 - Antes (à esquerda) e após (à direita) a aplicação do Algoritmo de Prim..............35

Figura 11 - Retirada de um ponto de Steiner de grau 1 36

Figura 12 - Ponto de Steiner com grau 2 e a sua remoção 37

Figura 13 - O ponto P4 com grau 2 e a colocação do ponto S2 para resolver a não conformidade 38

Figura 14 - Vetor V definido pelos vetores A, B e C 39

Figura 15 - Derivação do vetor Y, ortogonal ao vetor D, e pertencente ao mesmo plano formado por D e E 40

Figura 16 - Determinação do triângulo equilátero $P_1P_2P_4$ e do segmento P_3P_4...................41

Figura 17 - Determinação vetorial do ponto de Steiner..42

Figura 18 - Modelo de paralelismo Mestre-Trabalhador adotado com as trocas de mensagens 50

Figura 19 - PSO-Steiner versus AGMHeur4 - 1.000 pontos...59

Figura 20 - PSO-Steiner versus PSO-Steiner-MPI-Sync 62

Figura 21 - PSO-Steiner-MPI-Sync versus PSO-Steiner-MPI-Async-2 - 1.000 pontos – Tempo de execução 67

Figura 22 - PSO-Steiner versus AGMHeur4 - 1.000 pontos - Função de custo (distância total) 70

Figura 23 PSO-Steiner versus AGMHeur4 - 10.000 pontos - Tempo de execução.................78

Figura 24 - PSO-Steiner versus PSO-Steiner-MPI-Sync - 10.000 pontos – Tempo de execução 82

Figura 25 - PSO-Steiner-MPI-Sync versus PSO-Steiner-MPI-Async - 10.000 pontos – Tempo de execução...85

Figura 26 - PSO-Steiner-MPI-Sync versus PSO-Steiner-MPI-Async-2 - 10.000 pontos - Tempos médios..88

Figura 27 - PSO-Steiner versus AGMHeur4 - 10.000 pontos - Função de custo (distância total)..91

Figura 28 - PSO-Steiner-MPI-Sync versus PSO-Steiner-MPI-Async - 10.000 pontos – Função de custo 95

Figura 29 - PSO-Steiner-MPI-Sync versus PSO-Steiner-MPI-Async-2 - 10.000 pontos – Função de custo... 98

LISTA DE TABELAS

Tabela 1 - Resultados para o conjunto de 1.000 pontos em relação ao tempo de execução 58

Tabela 2 - Resultados do teste F para as instâncias de 1.000 pontos quanto ao Tempo 59

Tabela 3 - Resultados do teste T para as instâncias de 1.000 pontos quanto ao Tempo 60

Tabela 4 - Melhoria do tempo de execução para as instâncias de 1.000 pontos 61

Tabela 5 - Tempo total de execução do experimento para 1.000 pontos 61

Tabela 6 - Comparação dos tempos entre as versões com e sem paralelismo 62

Tabela 7 - Resultados do teste F para as instâncias de 1.000 pontos quanto ao Tempo comparando a versão sem paralelismo com a versão síncrona com paralelismo. 63

Tabela 8 - Resultados do teste T para as instâncias de 1.000 pontos quanto ao Tempo comparando a versão sem paralelismo com a versão síncrona com paralelismo. 63

Tabela 9 - Melhoria do tempo de execução para as instâncias de 1.000 pontos comparando a versão sem paralelismo com a versão síncrona com paralelismo 64

Tabela 10 - Comparação dos tempos entre as versões síncrona e assíncrona com paralelismo 65

Tabela 11 - Resultados do teste F para as instâncias de 1.000 pontos quanto ao Tempo comparando versões síncrona e assíncrona com paralelismo. 65

Tabela 12 - Resultados do teste T para as instâncias de 1.000 pontos quanto ao Tempo comparando as versões síncrona e assíncrona com paralelismo. 66

Tabela 13 - Comparação dos tempos entre as versões síncrona e variante da assíncrona com paralelismo 66

Tabela 14 - Resultados do teste F para as instâncias de 1.000 pontos quanto ao Tempo comparando versões síncrona e variante da assíncrona com paralelismo. 67

Tabela 15 - Resultados do teste T para as instâncias de 1.000 pontos quanto ao Tempo comparando as versões síncrona e variante da assíncrona com paralelismo. 68

Tabela 16 - Melhoria do tempo de execução para as instâncias de 1.000 pontos comparando as versões síncrona e variante da assíncrona com paralelismo. 69

Tabela 17 - Resultados para o conjunto de 1000 pontos em relação ao custo (distância total) 69

Tabela 18 - Resultados do teste F para as instâncias de 1.000 pontos quanto ao custo (distância total) 70

Tabela 19 - Resultados do teste T para as instâncias de 1.000 pontos quanto ao custo (distância total) 71

Tabela 20 - Melhoria do custo (distância total) para as instâncias de 1.000 pontos 72

Tabela 21 - Comparação dos custos entre as versões com e sem paralelismo 72

Tabela 22 - Resultados do teste F para as instâncias de 1.000 pontos quanto ao Custo comparando a versão sem paralelismo com a versão síncrona com paralelismo. 73

Tabela 23 - Resultados do teste T para as instâncias de 1.000 pontos quanto ao Custo comparando a versão sem paralelismo com a versão síncrona com paralelismo. 74

Tabela 24 - Comparação dos custos entre as versões síncrona e assíncrona com paralelismo 74

Tabela 25 - Resultados do teste F para as instâncias de 1.000 pontos quanto ao Custo comparando versões síncrona e assíncrona com paralelismo. 75

Tabela 26 - Resultados do teste T para as instâncias de 1.000 pontos quanto ao Custo comparando as versões síncrona e assíncrona com paralelismo. 75

Tabela 27 - Comparação dos custos entre as versões síncrona e variante da assíncrona com paralelismo 76

Tabela 28 - Resultados do teste F para as instâncias de 1.000 pontos quanto ao Custo comparando versões síncrona e variante da assíncrona com paralelismo. 76

Tabela 29 - Resultados do teste T para as instâncias de 1.000 pontos quanto ao Custo comparando as versões síncrona e variante da assíncrona com paralelismo. 77

Tabela 30 -Resultados para o conjunto de 10.000 pontos em relação ao tempo de execução. 78

Tabela 31 - Resultados do teste F para as instâncias de 10.000 pontos quanto ao Tempo 79

Tabela 32 - Resultados do teste T para as instâncias de 10.000 pontos quanto ao Tempo 79

Tabela 33 - Melhoria do tempo de execução para as instâncias de 10.000 pontos 80

Tabela 34 - Tempo total de execução do experimento para 10.000 pontos 81

Tabela 35 - Comparação dos tempos entre as versões com e sem paralelismo 81

Tabela 36 - Resultados do teste F para as instâncias de 10.000 pontos quanto ao Tempo comparando a versão sem paralelismo com a versão síncrona com paralelismo. 82

Tabela 37 - Resultados do teste T para as instâncias de 10.000 pontos quanto ao Tempo comparando a versão sem paralelismo com a versão síncrona com paralelismo. 83

Tabela 38 - Melhoria do tempo de execução para as instâncias de 10.000 pontos comparando a versão sem paralelismo com a versão síncrona com paralelismo 83

Tabela 39 - Comparação dos tempos entre as versões síncrona e assíncrona com paralelismo 84

Tabela 40 - Resultados do teste F para as instâncias de 10.000 pontos quanto ao Tempo comparando versões síncrona e assíncrona com paralelismo. 85

Tabela 41 - Resultados do teste T para as instâncias de 10.000 pontos quanto ao Tempo comparando as versões síncrona e assíncrona com paralelismo. 86

Tabela 42 - Variação do tempo de execução para as instâncias de 10.000 pontos comparando as versões síncrona e assíncrona com paralelismo. 86

Tabela 43 - Comparação dos tempos entre as versões síncrona e variante da assíncrona com paralelismo 87

Tabela 44 - Resultados do teste F para as instâncias de 10.000 pontos quanto ao Tempo comparando versões síncrona e variante da assíncrona com paralelismo. 88

Tabela 45 - Resultados do teste T para as instâncias de 10.000 pontos quanto ao Tempo comparando as versões síncrona e variante da assíncrona com paralelismo. 89

Tabela 46 - Melhoria do tempo de execução para as instâncias de 10.000 pontos comparando as versões síncrona e variante da assíncrona com paralelismo. 89

Tabela 47 - Resultados para o conjunto de 10.000 pontos em relação ao custo (distância total) 90

Tabela 48 - Resultados do teste F para as instâncias de 10.000 pontos quanto ao custo (distância total) 91

Tabela 49 - Resultados do teste T para as instâncias de 10.000 pontos quanto ao custo (distância total) 92

Tabela 50 - Melhoria do custo (distância total) para as instâncias de 10.000 pontos 92

Tabela 51 - Comparação dos custos entre as versões com e sem paralelismo 93

Tabela 52 - Resultados do teste F para as instâncias de 10.000 pontos quanto ao Custo comparando a versão sem paralelismo com a versão síncrona com paralelismo. 94

Tabela 53 - Resultados do teste T para as instâncias de 10.000 pontos quanto ao Custo comparando a versão sem paralelismo com a versão síncrona com paralelismo. 94

Tabela 54 - Comparação dos custos entre as versões síncrona e assíncrona com paralelismo 95

Tabela 55 - Resultados do teste F para as instâncias de 10.000 pontos quanto ao Custo comparando versões síncrona e assíncrona com paralelismo...96

Tabela 56 - Resultados do teste T para as instâncias de 10.000 pontos quanto ao Custo comparando as versões síncrona e assíncrona com paralelismo. 96

Tabela 57 - Melhoria do custo (distância total) para as instâncias de 10.000 pontos comparando as versões síncrona e assíncrona com paralelismo. 97

Tabela 58 - Comparação dos custos entre as versões síncrona e variante da assíncrona com paralelismo 97

Tabela 59 - Resultados do teste F para as instâncias de 10.000 pontos quanto ao Custo comparando versões síncrona e variante da assíncrona com paralelismo. 98

Tabela 60 - Resultados do teste T para as instâncias de 10.000 pontos quanto ao Custo comparando as versões síncrona e variante da assíncrona com paralelismo. 99

Tabela 61 - Melhoria do custo (distância total) para as instâncias de 10.000 pontos comparando as versões síncrona e variante da assíncrona com paralelismo. 100

LISTA DE ALGORITMOS

Algoritmo 1 - Otimização por Enxame de Partículas 32

Algoritmo 2 - Algoritmo de Prim simplificado para grafos 34

Algoritmo 3 - Algoritmo de Prim simplificado para o PASE 34

Algoritmo 4 - Gera Topologia a partir das posições dos pontos obrigatórios e de Steiner 43

Algoritmo 5 - Algoritmo Passo de Partícula 46

Algoritmo 6 - Algoritmo PSO-Steiner 48

Algoritmo 7 - Algoritmo PSO-Steiner-Mestre-Síncrono 51

Algoritmo 8 - Algoritmo PSO-Steiner-Trabalhador-Síncrono 52

Algoritmo 9 - Algoritmo PSO-Steiner-Mestre-Assíncrono 53

Algoritmo 10 - Algoritmo PSO-Steiner-Trabalhador-Assíncrono 54

SUMÁRIO

1 INTRODUÇÃO _____ 15

    1.1 Estrutura do Trabalho _____ 16

2 PROBLEMA DA ÁRVORE DE STEINER EUCLIDIANO NO $\mathbb{R}n$ _____ 17

    2.1 Caracterização do Problema _____ 17

    2.2 Justificativa _____ 17

    2.3 Objetivo Geral _____ 18

        2.3.1 Objetivos Específicos _____ 18

    2.4 Histórico _____ 18

        2.4.1 Problema de Fermat _____ 18

        2.4.2 Árvore Geradora Mínima e o Problema de Fermat _____ 21

        2.4.3 Histórico do Problema de Steiner _____ 22

    2.5 Aspectos de Geometria no espaço $\mathbb{R}n$ _____ 23

        2.5.1 O ponto de Torricelli no espaço $\mathbb{R}n$ _____ 23

        2.5.2 Distância Euclidiana no $\mathbb{R}n$ _____ 23

    2.6 Distinção entre o Problema de Fermat e o problema de Steiner _____ 24

    2.7 Características da Solução do Problema da Árvore de Steiner Euclidiano _____ 24

        2.7.1 Topologia da Árvore de Steiner Mínima (ASM) _____ 25

    2.8 Complexidade Computacional do PASE _____ 25

    2.9 Algoritmo de Smith _____ 27

    2.10 A Proporção de Steiner _____ 27

    2.11 Formulação Matemática para o Problema da Árvore de Steiner Euclidiana no $\mathbb{R}n$ _ 28

3 OTIMIZAÇÃO POR ENXAME DE PARTÍCULAS _____ 30

4 RESOLUÇÃO DO PROBLEMA DA ÁRVORE DE STEINER EUCLIDIANO NO $\mathbb{R}n$_ 33

    4.1 Definição da Partícula _____ 33

    4.2 Visão geral da resolução proposta _____ 33

    4.3 Uso da Árvore Geradora Mínima e de geometria para obter topologia _____ 34

        4.3.1 Remoção das não conformidades na Topologia Cheia geradas pelo algoritmo de Prim _____ 35

        4.3.2 Calculo vetorial de um ponto de Steiner a partir de três pontos dados _____ 38

        4.3.3 Algoritmo de Obtenção de Topologia _____ 43

    4.4 A Otimização por Enxame de Partículas modificada para a resolução do PASE._ 44

        4.4.1 Velocidade da partícula baseada na topologia e na posição dos pontos de Steiner 45

        4.4.2 Algoritmo Geral Proposto: PSO-Steiner _____ 47

    4.5 Resolução com Uso de Processamento Paralelo com MPI _____ 48

        4.5.1 Adaptação do Algoritmo Geral Proposto para uso com MPI _____ 49

4.5.2 Algoritmo proposto usando paralelismo e comunicação síncrona._____ 50

4.5.3 Algoritmo proposto usando paralelismo e comunicação assíncrona. _____ 53

5 RESULTADOS COMPUTACIONAIS _____ 55

5.1 Ambiente computacional de testes_____ 55

5.1.1 Mudança no ambiente entre os testes sem e com paralelismo _____ 55

5.2 Metodologia dos testes_____ 55

5.3 Resultados: conjunto de 1.000 pontos – Tempo de execução _____ 58

5.3.1 Resultados sem uso de paralelismo_____ 58

5.3.2 Resultados com uso de paralelismo _____ 61

5.4 Resultados: conjunto de 1.000 pontos – Função de Custo_____ 69

5.4.1 Resultados sem uso de paralelismo_____ 69

5.4.2 Resultados com uso de paralelismo _____ 72

5.5 Resultados: conjunto de 10.000 pontos – Tempo de execução _____ 77

5.5.1 Resultados sem uso de paralelismo_____ 77

5.5.2 Resultados com uso de paralelismo _____ 81

5.6 Resultados: conjunto de 10.000 pontos – Função de Custo_____ 90

5.6.1 Resultados sem uso de paralelismo_____ 90

5.6.2 Resultados com uso de paralelismo _____ 93

6 DISCUSSÃO DOS RESULTADOS EXPERIMENTAIS _____ 101

6.1 Qualidade da Solução_____ 101

6.1.1 Qualidade sem uso de paralelismo _____ 101

6.1.2 Qualidade com uso de paralelismo _____ 102

6.2 Esforço computacional_____ 103

7 CONCLUSÃO E TRABALHOS FUTUROS_____ 105

REFERÊNCIAS_____ 108

1 INTRODUÇÃO

A humanidade, na rotineira cotidiana das pessoas ou nos grandes projetos desenvolvidos por organizações ou até sociedades inteiras, sempre se deparou com a questão da eficiência dos processos ligados a estas atividades. Com o advento dos sistemas computacionais, houve o desenvolvimento da matemática computacional e, dentro desta área de conhecimento, da otimização combinatória. Esta tem buscado a solução de uma vasta gama de problemas, tanto práticos quanto teóricos, nas áreas de telecomunicações, transportes, energia, produção de bens e serviços, dentre outras. (GOLDBARG e LUNA, 2000) (NEMHAUSER e WOLSEY, 1988)

Dentre os problemas de otimização combinatória, o Problema de Steiner, ou Problema da Árvore de Steiner, trata-se de ligar pontos no espaço, através de segmentos de retas, com o objetivo de minimizar a distância total, ou seja, que a soma dos comprimentos dos segmentos de reta seja mínima (COURANT e ROBBINS, 1941). Diferencia-se do Problema da Árvore Geradora Mínima, pela possibilidade de se adicionar outros pontos além dos pontos propostos, conhecidos como Pontos de Steiner.

O Problema da Árvore de Steiner é dito euclidiano quando os pontos são considerados em um espaço métrico onde se aplicam as regras da geometria euclidiana e, em particular, a definição da distância.

Historicamente o problema remonta ao século XVII, quando Fermat, em uma carta, propôs o seguinte: "Dados três pontos em um plano, encontre um quarto ponto tal que a soma das suas distâncias aos três pontos seja mínima". Este problema ficou conhecido como Problema de Fermat e é um caso particular do Problema de Steiner (KUHN, 1974). Marcus Brazil et al (2014) fizeram uma revisão histórica do problema, desde sua origem, dando um destaque da fase pré-computacional, anterior aos trabalhos de Melzak (1961) e Gilbert e Pollak (1968).

Existem diversos algoritmos exatos, mas limitados a problemas com poucos pontos, limitados a 17 ou 18 pontos, usando técnicas de programação dinâmica ou *branch-and-bound*, como proposto por Smith (1992). Para maior número de pontos são usados algoritmos de aproximação, para encontrar soluções próximas da ótima em um tempo de execução razoável. Heurísticas como GRASP com *Path-Relinking* (ROCHA, 2008) e busca local (ZACHARIASEN, 1999) foram exploradas com sucesso.

Este trabalho busca demonstrar o uso de outra Heurística para a solução do Problema de Steiner, qual seja, a Otimização por Enxame de Partículas, ou *Particle Swarm Optimization* – PSO, que foi descrita por Kennedy e Eberhart (1995) como uma Meta-heurística Bioinspirada, com laços com vida artificial, como a teoria de enxames. O escopo do trabalho vai além da utilização do modelo padrão proposto por Kennedy, por se utilizar do algoritmo de Prim (1957) como um guia de otimização, juntamente com um processo de reposicionamento de pontos de Steiner que não estejam em conformidade geométrica com uma solução para o problema.

1.1 Estrutura do Trabalho

Este trabalho está estruturado como segue. No Capítulo 2 é apresentada uma introdução ao Problema da Árvore de Steiner Euclidiana no $\mathbb{R}^n$, seu histórico, aspectos geométricos e computacionais, e a sua formulação matemática. O capitulo 3 apresenta a Meta-heurística de Otimização por Enxame de Partículas. No capítulo 4 está a metodologia aplicada na resolução do problema. Já o capítulo 5 apresenta um experimento computacional realizado, os resultados obtidos da aplicação da resolução proposta tanto em relação aos tempos de execução como dos valores das soluções encontradas. Estes resultados são discutidos no capítulo 6. Por último, no capítulo 7 são apresentadas as conclusões e propostas de continuidade do trabalho.

2 PROBLEMA DA ÁRVORE DE STEINER EUCLIDIANO NO $\mathbb{R}^n$

Nesta seção são apresentados o Problema da Árvore de Steiner Euclidiano no $\mathbb{R}^n$ e diversas características deste, tais como a caracterização do problema, sua formulação matemática, a complexidade computacional, caraterísticas geométricas e aplicações do problema.

2.1 Caracterização do Problema

O Problema da Árvore de Steiner Euclidiano no $\mathbb{R}^n$, ou PASE, pode ser caracterizado da seguinte forma: Dados P pontos no espaço $\mathbb{R}^n$ em que seja usada uma métrica euclidiana, o problema consiste em encontrar uma árvore conectando todos estes pontos dados cujo custo seja mínimo, com a possibilidade de adição de outros pontos. Esta possibilidade de adição de outros pontos é que diferencia o Problema da Árvore de Steiner do Problema da Árvore Geradora Mínima, cuja solução é conhecida (ROCHA, 2008).

Para o caso bidimensional do problema (n=2), ou seja, com todos os pontos P pertencentes ao mesmo plano, existem diversos métodos exatos além de heurísticas. Mas para outras dimensões, com n ≥ 3, são conhecidos dois métodos exatos, computacionalmente inviáveis quando o número de pontos dados P é maior que 18 e há poucas heurísticas com desempenho razoável.

2.2 Justificativa

O Problema da Árvore de Steiner Euclidiano é um problema de tal complexidade computacional que soluções exatas somente são viáveis, em termos de tempo para se obter uma solução computacional, para problemas de pequena dimensão. Destarte, o uso de heurísticas e meta-heurísticas se faz necessário para a obtenção de boas soluções, ainda que estas não sejam a solução ótima. A investigação de novas combinações entre o estudo de questões geométricas, topológicas, algoritmos tradicionais e meta-heurísticas pode resultar em ganhos na obtenção das soluções.

Diversas áreas da Ciência e Tecnologia, como a Biologia, na pesquisa de inferência filogenética (CAVALLI-SFORZA e EDWARDS, 1967) e (MONTENEGRO, TORREÃO e MACULAN, 2003), em Engenharia, no projeto e operação de redes elétricas, minas (ALFORD, BRAZIL e LEE, 2006), dutos, telecomunicações (DU e HU, 2008), Bioquímica, na pesquisa de configuração molecular (OLIVEIRA, 2005), tem problemas que podem ser modelados e resolvidos com base no Problema da Árvore de Steiner Euclidiano no $\mathbb{R}^n$.

2.3 Objetivo Geral

Aplicar a Meta-heurística de Otimização por Enxame de Partículas, *Particle Swarm Optimization* – PSO, ao Problema da Árvore de Steiner Euclidiano, *Euclidean Steiner Tree Problem* – ESTP, num espaço $\mathbb{R}^n$, na obtenção de um método de solução do problema que alcance um bom desempenho computacional comparado a outros métodos conhecidos.

2.3.1 Objetivos Específicos

Conhecer o Problema da Árvore de Steiner Euclidiano no $\mathbb{R}^n$, suas aplicações, indicações de uso, limitações e peculiaridades.

Aplicar a Meta-heurística de Otimização por Enxame de Partículas na solução do Problema da Árvore de Steiner Euclidiano no $\mathbb{R}^n$.

Identificar aspectos geométricos e topológicos do Problema da Árvore de Steiner Euclidiano no $\mathbb{R}^n$ que possam guiar e aprimorar a Meta-heurística de Otimização por Enxame de Partículas na busca de melhores soluções.

Implementar uma solução computacional para o Problema da Árvore de Steiner Euclidiano no $\mathbb{R}^n$ usando a Meta-heurística de Otimização por Enxame de Partículas de forma aprimorada.

Comparar a solução computacional com outros métodos propostos pela comunidade científica, para a solução do problema proposto, através de métodos estatísticos.

2.4 Histórico

O caso mais simples do Problema de Steiner, onde temos apenas três pontos no plano, é também conhecido como Problema de Fermat, e trata-se de encontrar um quarto ponto onde a soma das distâncias deste ponto aos três pontos dados seja mínima.

2.4.1 Problema de Fermat

No século XVII, Pierre de Fermat (1601-1665), ao final de seu trabalho *Methodus ad disquirendam maximam et minimam. De tangentibus linearum curvarum* enviado a Descartes, propôs à comunidade científica da época o seguinte problema: "Dados três pontos em um plano,

encontre um quarto ponto tal que a soma das suas distâncias aos três pontos seja mínima".
(FERMAT, 1638)

O físico e matemático Evangelista Torricelli concebeu um triângulo qualquer e três triângulos equiláteros externos formados a partir dos lados do triângulo original. A três circunferências que circunscrevem estes triângulos equiláteros se interceptam em um ponto, o ponto de Torricelli ou ponto isogônico. Desta forma, Torricelli afirmou que este ponto seria a solução para o problema de Fermat. Embora Torricelli tenha chegado a esta solução por volta de 1640, este trabalho não foi publicado até 1919 em uma compilação de sua obra na *Opere di Evangelista Torricelli*. (TORRICELLI, 1919)

Figura 1 - Ponto de Torricelli

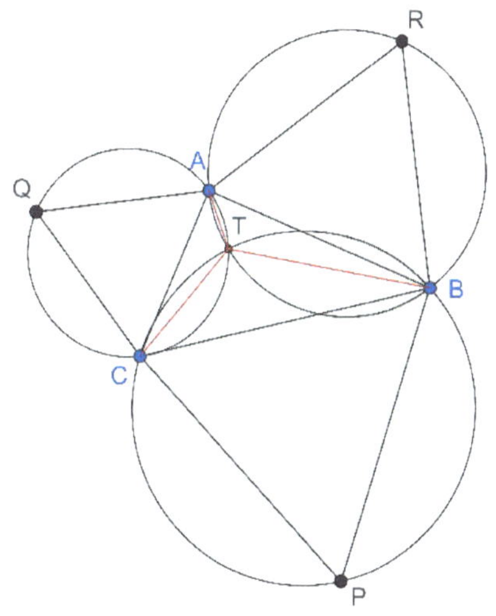

Fonte: adaptado de Smith (1992, p. 139)

A Figura 1 ilustra a solução de Torricelli para o Problema de Fermat. Dado o triângulo ABC, são construídos os triângulos equiláteros ABR, ACQ e BCP, e em seguida são construídas a circunferências que os circunscrevem. O ponto de interseção entre estas circunferências é o ponto de Torricelli – T. A soma dos comprimentos dos segmentos AT, BT e CT com T obtido desta forma é mínima.

Bonaventura Francesco Cavalieri, em 1647, encontrou uma propriedade importante que os segmentos de reta AT, BT e CT, tomados dois a dois, são todos iguais e formam um ângulo de 120° entre si, conforme exemplificado na Figura 2. (CAVALIERI, 1647)

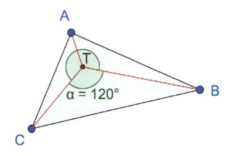

Fonte: autor

Em 1750, Thomas Simpson (1823) demonstrou uma outra forma mais simples de se obter o ponto de Torricelli. A partir dos pontos dados, constrói-se os triângulos equiláteros, da mesma forma que proposto por Torricelli, mas, ao invés de se circunscrever estes últimos, traça-se segmentos de reta ligando o vértice do triângulo equilátero não pertencente ao triângulo original ao vértice do triângulo original cujo lado não seja em comum ao equilátero. Como se pode ver na Figura 3, a partir do triângulo ABC, dado, são construídos três triângulos equiláteros, ABR, BCP e ACQ, e o ponto de Torricelli, pode ser obtido pela interseção dos segmentos de reta AP, BQ e CR. Estas linhas passaram a ser conhecidas como linhas de Simpson.

Figura 3 - Construção de Simpson para obtenção do ponto de Torricelli.

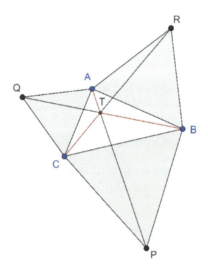

Fonte: autor

Em 1834, Franz Heinen mostrou duas propriedades importantes das linhas de Simpson: todas elas têm o mesmo comprimento e este é igual à soma dos comprimentos dos pontos dados ao ponto de Torricelli, ou seja, a distância mínima procurada (HEINEN, 1834). Na Figura 3 estas propriedades podem ser visualizadas de modo que $|AP| = |BQ| = |CR| = |AT| + |BT| +$

$|CT|$. Heinen também notou que, se um dos ângulos internos do triângulo formado pelos pontos dados for maior que 120º, o ponto de Torricelli estaria externo ao triângulo e a solução para o problema de Fermat não seria o ponto de Torricelli, mas sim este vértice. Como pode ser observado na Figura 4, o ângulo formado por CAB é maior que 120º e o ponto de Torricelli T é externo ao triângulo. Neste caso a solução, trivial, para o problema de Fermat é o ponto A dado.

Figura 4 - Triângulo com um ângulo interno maior que 120º

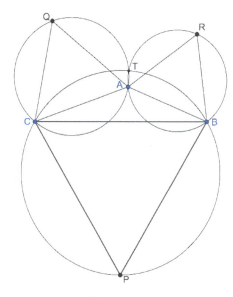

Fonte: autor

2.4.2 Árvore Geradora Mínima e o Problema de Fermat

Considerem-se algumas definições que são necessárias para a abordagem do Problema de Steiner e sua comparação com a Árvore Geradora Mínima.

Definição 1: "Uma **árvore** é um grafo acíclico e conexo" e "Um grafo acíclico e conexo sem a designação de um vértice como raiz é chamado de **árvore não-enraizada**". (GERSTING, 1998)

Em outras palavras, dois vértices distintos no grafo são conectados por um único caminho e os caminhos não formam ciclos.

Definição 2: "Uma **árvore geradora** de um grafo é uma árvore não-enraizada cujo conjunto de vértices coincide com o conjunto de vértices do grafo e cujas arestas são (algumas das) arestas do grafo. " (GERSTING, 1998)

Definição 3: Uma **árvore geradora mínima** é "uma árvore geradora que tenha peso mínimo, dado um grafo simples ponderado e conexo." (GERSTING, 1998)

O objetivo do problema proposto por Fermat é encontrar uma árvore cujo peso seja menor que o da árvore geradora mínima para os mesmos pontos dados no plano. Na Figura 5 pode-se observar a Árvore Geradora Mínima - AGM, à esquerda e a solução do Problema de Fermat, à direita. A AGM dos três pontos A, B e C é obtida selecionando-se o segmento AC, visto que é o menor dentre todos os lados do triângulo formado, e em seguida o segmento AB, visto que $|AB| < |BC|$. No caso do Problema de Fermat, o ponto T foi obtido por uma das soluções já descritas. Pode-se verificar que, ao se adicionar o quarto ponto T, no local apropriado, a soma dos segmentos formados entre os pontos dados e o ponto T é menor que a AGM para os mesmos pontos, ou seja, que $|AT| + |BT| + |CT| < |AC| + |AB|$.

Figura 5 - Árvore Geradora Mínima à esquerda e Problema de Fermat à direita

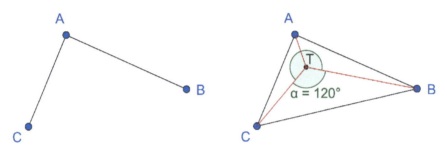

Fonte: autor

2.4.3 Histórico do Problema de Steiner

Segundo Marcus Brazil (2014), o Problema da Árvore de Steiner tem uma origem histórica pouco compreendida e uma trajetória de estudo e esquecimento que remonta ao início do século XIX. Além disso, a sua atual atribuição ao matemático suíço Jakob Steiner (1796-1863) é controversa. Talvez, a mais remota menção ao PASE seja atribuída a Joseph Diaz Gergonne (1771-1859) em 1811.

A maior divulgação do PASE e da sua denominação como "Problema de Steiner" ocorreu o a partir da publicação do livro "*What is Mathematics?*" de Richard Courant e Herbert Robbins (1941). Segundo estes autores, o problema é enunciado como: "Dado um conjunto de pontos num espaço métrico, encontrar uma rede de comprimento mínimo que conecte todos os pontos desse conjunto".

2.5 Aspectos de Geometria no espaço $\mathbb{R}^n$

2.5.1 O ponto de Torricelli no espaço $\mathbb{R}^n$

Uma constatação geométrica importante é que o ponto de Torricelli está no mesmo plano que os pontos dados. Isto pode ser demonstrado facilmente pelo fato de que, dado um ponto no espaço, fora do plano formado pelos pontos dados, a projeção ortogonal deste ponto sobre o plano forma três triângulos retângulos e como um lado de um triângulo retângulo é sempre menor que a sua hipotenusa, a projeção é sempre mais próxima dos pontos dados que o ponto fora do plano. Como se pode visualizar na Figura 6, dados os pontos A, B e C no espaço, e um ponto D fora do plano por eles definido, a projeção ortogonal de D' do ponto D sobre o plano ABC produz os segmentos AD', BD' e CD'. No triângulo retângulo CDD', o cateto CD' é menor que a hipotenusa CD. O mesmo raciocínio pode ser levado aos demais triângulos retângulos ADD' e BDD'. Daí a conclusão que $|AD'| + |BD'| + |CD'| < |AD| + |BD| + |CD|$, ou seja, a soma das distâncias à projeção ortogonal será sempre menor que a distância ao ponto fora do plano e, consequentemente, o ponto de menor distância sempre pertencerá ao plano.

Figura 6 - Projeção ortogonal de um ponto no plano formado pelos pontos ABC dados

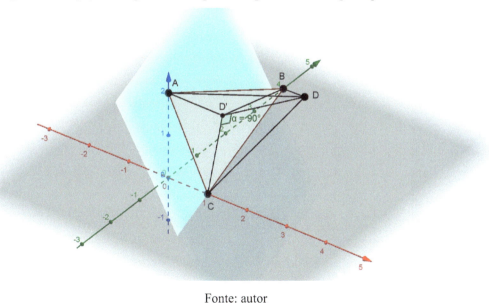

Fonte: autor

2.5.2 Distância Euclidiana no $\mathbb{R}^n$

Ao se usar a expressão "Euclidiano" no nome do problema em pauta, está-se definindo que a métrica utilizada no cálculo das distâncias entre os pontos no espaço será a distância euclidiana, cuja definição se segue.

Definição 4. A **Distância euclidiana** entre os pontos $X = (x_1, x_2, \cdots, x_n)$ e $Y = (y_1, y_2, \cdots, y_n)$ em $\mathbb{R}^n$ é dada por:

$$d(X, Y) = \overline{XY} = \sqrt{(x_1 - y_1)^2 + (x_2 - y_2)^2 + \cdots + (x_n - y_n)^2}$$

2.6 Distinção entre o Problema de Fermat e o problema de Steiner

Como foi exposto anteriormente, o Problema de Steiner mais simples é o problema de Fermat para o caso de serem dados três pontos. A partir de quatro pontos dados, os problemas se distinguem no seu enunciado, visto que o problema de Fermat admite apenas um ponto a ser a ser encontrado, enquanto o Problema de Steiner admite a possibilidade de mais pontos. Estes pontos são denominados, então, **pontos de Steiner**. A Figura 7 exibe a diferença entre estes dois problemas, para o caso em que os quatro pontos são os vértices de um quadrado de lado unitário. A solução para o problema de Fermat, à direita, é um único ponto central, S, e a distância total é $2\sqrt{2} \approx 2{,}828$, enquanto que a solução para o Problema de Steiner são dois pontos, S1 e S2 e a distância total é $1 + \sqrt{3} \approx 2{,}732$.

Figura 7 - Problema de Steiner, à esquerda e Problema de Fermat, à direita.

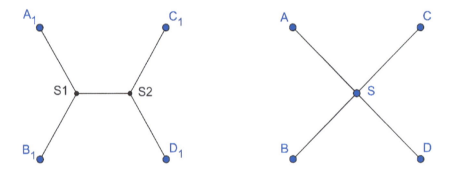

Fonte: adaptado de Brazil, Graham, *et al.* (2014, p. 3)

2.7 Características da Solução do Problema da Árvore de Steiner Euclidiano

Faz-se necessária a definição de alguns termos relativos ao PASE. São elas:

a) A solução para o PASE é chamada de Árvore de Steiner Mínima (ASM);

b) Os pontos no espaço $\mathbb{R}^n$ dados na formulação do problema serão, doravante, denominados Pontos Obrigatórios;

c) Os pontos a serem determinados na resolução do problema são Pontos de Steiner;

d) Os pontos Obrigatórios e os de Steiner são os nós da Árvore de Steiner Mínima;

e) Os segmentos de reta ligando os pontos são as arestas da ASM;

f) O conjunto de arestas da ASM forma uma topologia.

A Árvore de Steiner Mínima apresenta as seguintes características, conforme expostas por Gilbert e Pollak (1968) e Warren D. Smith (1992):

a) Dados P pontos obrigatórios $x_i \in \mathbb{R}^n$ com $i = 1, 2, 3, \cdots, P$, o número máximo de pontos de Steiner S é $P - 2$, ou seja $S \leq P - 2$.

b) Cada ponto de Steiner tem grau 3.

c) As arestas incidentes em um ponto de Steiner estão todas no mesmo plano e, duas a duas, formam um ângulo de 120° entre si.

d) Os pontos obrigatórios têm graus entre 1 e 3.

2.7.1 Topologia da Árvore de Steiner Mínima (ASM)

Segundo Gilbert e Pollak (1968), podemos entender por topologia de uma árvore, uma matriz de conexão, ou qualquer descrição equivalente, especificando quais pares de pontos P e S estão conectados por um segmento de reta. Portanto, a topologia especifica as conexões, mas não as posições dos pontos de Steiner S. Em outras palavras, **uma topologia é o conjunto de arestas da ASM**.

Uma **topologia completa ou cheia** (*Full Steiner Tree* – FST) é definida como uma ASM onde $S = P - 2$. Com esta condição todos os pontos obrigatórios serão folhas da árvore, ou seja, terão grau igual a 1. Uma consequência disto é que existe a possibilidade de pontos de Steiner e pontos obrigatórios coincidirem no espaço, ou seja, terem as mesmas coordenadas espaciais. Pode-se assim, considerar que a topologia cheia seja o caso geral, e que as topologias não cheias sejam degenerações deste caso, por permitir a superposição de pontos.

2.8 Complexidade Computacional do PASE

O Problema da Árvore de Steiner Euclidiano tem uma componente contínua, relacionada à posição dos pontos de Steiner e uma componente discreta ligada às diferentes topologias possíveis. Segundo Smith (1992), depois do trabalho de Gilbert e Pollak, todos os algoritmos para se encontrar a Árvore de Steiner Mínima com P pontos obrigatórios no espaço de n dimensões seguiram o mesmo plano. Este plano pode ser resumido da seguinte forma:

a) Encontrar todas as topologias para P pontos obrigatórios e S pontos de Steiner, com $0 \leq S \leq P - 2$.

b) Para cada topologia, otimizar as coordenadas de forma a encontrar o melhor posicionamento dos pontos de Steiner que se encaixem nesta topologia.

c) A saída será a menor árvore encontrada.

Para o caso de o número n de dimensões for igual a 2, há algoritmos que, dada uma topologia, calculam os a posição dos pontos de Steiner em tempo polinomial, como em Hwang (1986) e Melzak (1961). Para o caso onde $n \geq 3$, o próprio artigo do Smith fornece um algoritmo com características semelhantes.

Desta forma, a complexidade está ligada ao número de topologias que, segundo Gilbert e Pollak, para P pontos obrigatórios e S pontos de Steiner, são:

$$f(P,S) = \binom{P}{S+2} \frac{(P+S-2)!}{S! \cdot 2^S}$$

Para o caso em que $S = P - 2$, tem-se uma topologia cheia, e o número de topologias é:

$$f(P) = \frac{(2P-4)!}{2^{P-2}(P-2)!}$$

Para se visualizar a dimensão deste cálculo, para P=10, o número de topologias cheias será $f(10) = 2.027.025$. Para P=18, um limite prático deste algoritmo, $f(18) = 1,91899 \times 10^{17}$, ou seja, um valor com 18 casas decimais. Todas estas topologias cheias deveriam ser calculadas em um algoritmo de força bruta (ROCHA, 2008).

Devido ao seu caráter combinatório, o PASE é classificado como NP-Difícil, ou seja, não são conhecidos algoritmos que o solucionem em tempo polinomial. (GAREY, GRAHAM e JOHNSON, 1977) e (GAREY e JOHNSON, 1979).

Assim, devido a sua complexidade, a solução para o PASE, para problemas maiores, faz uso de heurísticas. A etimologia do termo **heurística** vem de do grego *heuriskein* que significa descobrir. Uma definição de heurística é:

> Para resolver eficientemente muitos problemas difíceis, geralmente é necessário comprometer as exigências de mobilidade e sistematicidade e construir uma estrutura de controle que não garanta encontrar a melhor resposta, mas que quase sempre encontre uma resposta muito boa. ... a heurística é uma técnica que melhora a eficiência de um processo de busca, possivelmente sacrificando pretensões de completeza.

(RICH e KNIGHT, 1993)

Segundo Zanakis e Evans, são procedimentos simples, baseados no senso comum, onde se supõe que forneçam uma boa solução, ainda que não seja a ótima, para problemas difíceis de forma fácil e rápida. (ZANAKIS e EVANS, 1981).

2.9 Algoritmo de Smith

Warren Smith (1992) propôs um algoritmo para a solução do PASE no espaço com dimensão $n \geq 3$ baseado na enumeração das topologias cheias, seguida da minimização e cálculo dos pontos de Steiner, para cada topologia encontrada. Para se evitar soluções ruins, foi usado um algoritmo *branch-and-bound*.

Este algoritmo pode ser resumido, considerando que P pontos obrigatórios sejam dados, desta forma:

a) Encontrar todas as topologias cheias para os P pontos.

b) Para cada topologia cheia, encontrar a árvore de menor custo, pela otimização das posições espaciais dos pontos de Steiner.

A otimização das posições dos pontos de Steiner, do passo 2, é feita por um método iterativo baseado na solução de sistemas lineares com matrizes esparsas. A condição de otimalidade usada no algoritmo é que todos os ângulos entre arestas da árvore sejam maiores ou iguais a 120°.

2.10 A Proporção de Steiner

Dados P pontos terminais ou obrigatórios no $\mathbb{R}^n$, sejam a Árvore Geradora Mínima AGM(P) e sua distância total *distancia_AGM(P)*, e a Árvore de Steiner Euclidiana ASE(P) e sua distância total *distancia_ASE(P)* produzidas a partir destes pontos.

A "Proporção de Steiner" pode ser definida como (SMITH e SMITH, 1995):

$$\rho_n = \inf_{P \subset \mathbb{R}^n} \rho(P), onde \ \rho(P) = \frac{distancia\_ASE(P)}{distancia\_AGM(P)}$$

Uma questão que se coloca é: Qual é o pior caso da Proporção de Steiner? Ou em outras palavras, qual é o melhor limite superior?

Há uma conjectura proposta por Gilbert e Pollak (1968) de que, para $n = 2$, este valor seria alcançado quando os pontos de P formam os vértices de um triangulo equilátero, onde $\rho_2 = \sqrt{3}/2 \approx 0,866$. Esta conjectura tem uma prova elaborada por Du e Hwang (1992). Mas para dimensões além do plano, $n \geq 3$, a Conjectura Generalizada de Gilbert-Pollak era de que o valor de ρ_n seria alcançado por um simplex regular de n dimensões, ou d-simplex. Smith e Smith (1995) e, em artigo complementar Du e Smith (1996), apresentaram provas de que há outras topologias que representam o valor mínimo da Proporção de Steiner para dimensões maiores. Assim, a questão permanece aberta. Em seu artigo, Du e Smith exibem uma topologia, denominada *D-Sausage*, que alegam ser o então recordista para n=3, n=4 e n=5. Para n=3, o valor é $\rho_3 \approx 0,784190$. A topologia *D-Sausage* é uma estrutura infinita. Para n=3, trata-se de uma estrutura infinita de tetraedros regulares unidos por faces em comum. Mondaini e Oliveira (2004) em um estudo sobre o estado da arte deste problema para n=3, apresentam um valor um pouco inferior, onde $\rho_3 \leq 0,776001$. Gilbert e Pollak (1968), obtiveram demonstraram que limite inferior é 0,5 para qualquer espaço métrico. Destes resultados pode-se verificar que, para n=3, $0,5 \leq \rho_3 \leq 0,776001$.

2.11 Formulação Matemática para o Problema da Árvore de Steiner Euclidiana no $\mathbb{R}^n$

Uma formulação matemática para o Problema da Árvore de Steiner Euclidiana no $\mathbb{R}^n$, segundo propuseram Xavier, Maculan e Michelon em (2000), define como um problema de programação inteira mista não linear e não convexa. Seja a formulação a seguir:

Dado um grafo $G = (V, E)$, sendo $P = \{1, 2, \ldots, p - 1, p\}$ o conjunto de índices associados com os pontos dados $x^1, x^2, \cdots, x^{p-1}, x^p$, e $S = \{p + 1, p + 2, \ldots, 2p - 3, 2p - 2\}$ o conjunto de índices associados aos pontos de Steiner $x^{p+1}, x^{p+2}, \cdots, x^{2p-3}, x^{2p-2}$, tem-se que $V = P \cup S$. Aqui, denota-se por $[i, j]$ uma aresta de G, onde $i, j \in V$ e $i < j$. Também são considerados os conjuntos $E_1 = \{[i, j] \mid i \in P, j \in S\}$ (conjunto de arestas que ligam um ponto dado qualquer a um ponto de Steiner qualquer) e $E_2 = \{[i, j] \mid i \in S, j \in S\}$ (conjunto de arestas que ligam quaisquer dois pontos de Steiner), tal que $E = E_1 \cup E_2$.

Denotando a distância Euclidiana entre x^i e x^j por $|x^i - x^j| = \sqrt{\sum_{l=1}^{n}(x^i - x^j)^2}$ e definindo $y_{ij} \in \{0,1\} \ \forall \ [i, j] \in E$, onde $y_{ij} = 1$ se a aresta $[i, j]$ está na solução da árvore de Steiner ótima e $y_{ij} = 0$, caso contrário, tem-se a seguir, a formulação matemática para o PASE no $\mathbb{R}^n$. (ROCHA, 2008)

$$\min \sum_{[i,j] \in E} |x^i - x^j| y_{ij} \qquad (1)$$

sujeito a

$$x^i \in \mathbb{R}^n, i = p + 1, \cdots, 2p - 2 \qquad (2)$$

$$\sum_{j \in S} y_{ij} = 1, i \in P \qquad (3)$$

$$\sum_{i \in P} y_{ij} + \sum_{k < j, k \in S} y_{kj} + \sum_{k > j, k \in S} y_{jk} = 3, j \in S \qquad (4)$$

$$\sum_{k < j, k \in S} y_{kj} = 1, j \in S - \{p + 1\} \qquad (5)$$

$$y_{ij} \in \{0,1\}, [i, j] \in E \qquad (6)$$

Figura 8 - Formulação Matemática para o problema da Árvore de Steiner Euclidiana no $\mathbb{R}^n$

As equações da formulação matemática apresentadas na Figura 8, apresentam o seguinte significado:

a) A equação (1) representa a função objetiva, que visa minimizar a somatória das distancias entre os pontos no grafo.

b) A equação (2) restringe que x^i seja um ponto de Steiner no $\mathbb{R}^n$.

c) A equação (3) restringe que cada vértice em P tenha grau igual a 1.

d) A equação (4) apresenta a restrição de que os vértices, pertencentes a S, tenham grau igual a 3.

e) A equação (5) garante que o grafo formado seja uma árvore, ao restringir a formação de ciclos.

f) E, finalmente, a equação (6) apresenta a adjacência entre os vértices i e j, que se forem adjacentes será 1, senão 0.

Assim, uma solução que atenda às restrições de (3) a (6) será uma Árvore Geradora do grafo G.

3 OTIMIZAÇÃO POR ENXAME DE PARTÍCULAS

A Otimização por Enxame de Partículas, ou *Particle Swarm Optimization – PSO*, foi descrita por Kennedy e Eberhart como uma Meta-heurística Bioinspirada, com laços com a vida artificial, em geral, e com bando de pássaros, cardume de peixes e enxames de abelhas, em particular. (KENNEDY e EBERHART, 1995)

No modelo padrão para a Otimização por Enxame de Partículas, uma partícula i, que pode ser entendida como uma abelha, por exemplo, ocupa uma posição no espaço e se movimenta neste espaço a uma certa velocidade. Assim, esta partícula i é descrita por dois vetores no espaço de D dimensões: o vetor posição X_i e o vetor velocidade V_i. A variável i refere-se à i-ésima partícula de uma população de tamanho n. Cada uma das partículas se movimenta neste espaço vetorial a cada iteração, ou tempo, t do algoritmo, baseada na sua posição atual X_i, na sua velocidade V_i, da seguinte forma:

$$X_i(t+1) = X_i(t) + V_i(t+1)$$

(7)

Ou seja, o vetor posição atual da partícula é a soma do vetor posição no tempo anterior e do vetor velocidade atual. A contribuição do modelo padrão está na forma como o vetor velocidade é construído. Ele é formado por dois componentes principais na forma de dois vetores: o $Pbest_i$, a componente cognitiva, que representa a melhor posição ocupada pela própria partícula i, e por $Gbest$, a componente social, que é a melhor posição ocupada por uma partícula qualquer da população, ou seja, o melhor valor de qualquer $Pbest_i$. Esta melhor posição é calculada baseada em uma função de custo $f()$ e a melhor posição é, em geral, a que ocupa o menor valor desta função, haja vista que os problemas, na sua maioria, são de minimização. Usando a ideia de que a partícula é uma abelha e que a função de custo é a distância de uma fonte de alimento, as abelhas voam no espaço, a uma velocidade, e esta velocidade é modificada pela percepção de que ela está se afastando da fonte de alimento, tentando voltar a uma posição que já tenha ocupado e que seja mais próxima da fonte e também pela melhor posição que uma abelha, em toda a população, já ocupou. Esta "informação social" ou "componente social" é comunicada para toda a população a cada iteração.

Desta forma, pode-se formular que:

$$V_i(t+1) = w \cdot V_i(t) + c_1 \cdot r_1 \cdot \left(Pbest_i(t) - X_i(t)\right) + c_2 \cdot r_2 \cdot \left(Gbest(t) - X_i(t)\right)$$

(8)

Onde:

w é uma constante de peso inercial;

c_1 e c_2 são coeficientes de aceleração;

r_1 e r_2 são valores randômicos gerados no intervalo [0, 1];

A Figura 9 demonstra o cálculo das equações (7) e (8), onde a nova posição da partícula é calculada pela soma dos vetores velocidade inercial, componente cognitiva e componente social.

Figura 9 - Vetores exemplificando a nova posição da partícula

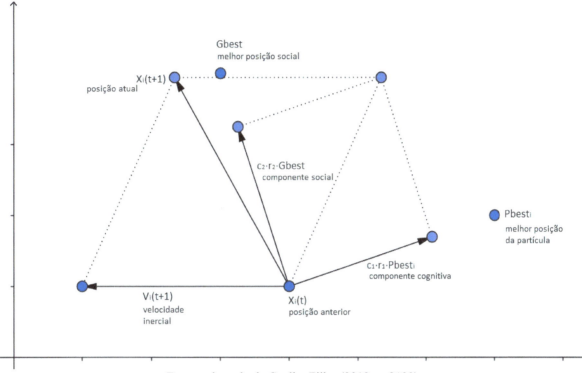

Fonte: adaptado de Coelho Filho (2013, p. 2139)

Eberhart e Shi (2000) estimaram valores empíricos para w = 0,7298 e c_1 = c_2 = 1,49618 que produzem bons resultados. Van den Bergh e Engelbrecht (2006) empreenderam um estudo sobre os intervalos e limites para estes coeficientes.

Considerando que o problema seja de minimização, tem-se:

$$Gbest(t) = \min_{i=1,\dots,n} Pbest_i(t)$$

O Algoritmo 1 descreve a Otimização por Enxame de Partículas:

Algoritmo 1 - Otimização por Enxame de Partículas

Algoritmo PSO
Criar e inicializar um enxame de n partículas em um espaço de d dimensões;
repetir
    para cada partícula $i = 1, \ldots, n$
        se $f(X_i) < f(Pbest_i)$
            $Pbest_i \leftarrow X_i$
            se $f(Pbest_i) < f(Gbest)$
                $Gbest \leftarrow Pbest_i$
            fim
        fim
    fim
    para cada partícula $i = 1, \ldots, n$
        atualizar a velocidade usando a equação (8)
        atualizar a posição usando a equação (7)
    fim
até que a condição de parada seja verdadeira;

Fonte: autor

O modelo padrão tem muitas variantes, como descritas no artigo original de Kennedy e Eberhart (1995), e diversos outros autores que os seguiram.

Uma imposição do modelo padrão é que as equações (7) e (8) sejam definidas em um espaço vetorial linear. Ao usar a PSO como meta-heurística e as partículas não puderem ser definidas em um espaço vetorial, há de se adaptar o modelo, modificando a equação (8) para acomodar a não linearidade.

4 RESOLUÇÃO DO PROBLEMA DA ÁRVORE DE STEINER EUCLIDIANO NO $\mathbb{R}^n$

A resolução que se propõe é uma adaptação da Meta-heurística de Otimização por Enxame de Partículas (PSO) para a solução do Problema da Árvore de Steiner Euclidiano (PASE). A exposição desta resolução passa por uma correta definição da partícula, a discussão sobre a abordagem do problema, considerações geométricas, a adaptação de algoritmos tradicionais e a conjugação destes num método de resolução.

4.1 Definição da Partícula

A Partícula usada no algoritmo PSO é uma solução do PASE. Em outras palavras, uma partícula do algoritmo PSO é uma Árvore de Steiner, com seus pontos dados obrigatórios, seus pontos de Steiner e as arestas ligando estes pontos, formando uma topologia. Considerando topologias completas, um problema proposto com P pontos dados, tem $S = P - 2$ pontos de Steiner, o que resulta em um total de $2P - 2$ pontos e $2P - 3$ arestas. Gerando-se n partículas iniciais, tem-se n árvores com todos estes componentes.

Devido ao caráter combinatório da topologia, não é possível estabelecer uma resolução vetorial para a topologia que obedeça às propriedades necessárias para um espaço vetorial, como soma de vetores ou produto por escalar. Isto posto, a equação (8), que produz o vetor velocidade, não pode ser usada nesta situação pelo simples fato que as operações nela descritas não são definíveis.

Assim, há necessidade de se redefinir as duas características da partícula: a sua posição e velocidade. A posição pode, facilmente, ser identificada com a árvore de Steiner, que, em última instância, é um grafo $G = (V, A)$. Para a definição da velocidade, há de se considerar algo mais, como será visto adiante.

4.2 Visão geral da resolução proposta

Conforme exposto anteriormente, na seção 2.9, Smith asseverou que a resolução para o PASE estaria restrita à parte combinacional do problema, visto que ele propõe um algoritmo rápido para a obtenção da localização dos pontos de Steiner desde que seja fornecida uma topologia. As soluções derivadas dele, atuam na forma da enumeração das topologias usando diversas abordagens de resolução de problemas combinacionais, como *branch-and-bound* (SMITH, 1992), GRASP com *path-relinking* (ROCHA, 2008), dentre outras.

A resolução que se propõe neste trabalho baseia-se em usar a geometria para cercar as diferentes topologias, de forma a se evitar soluções muito distantes das soluções ótimas. Para tanto, procurou-se observar as características da solução ótima global. Esta solução tem os pontos na melhor posição e a Árvore de Steiner, por ser mínima, é a Árvore Geradora Mínima – AGM – considerando todos os pontos, tanto os obrigatórios dados quanto os pontos de Steiner calculados. Desta forma, um algoritmo de Árvore Geradora Mínima é usado como um guia orientador de melhores soluções. Como a complexidade dos algoritmos de Árvore Geradora Mínima é, em geral, $O(n \cdot \log n)$, pode-se usar tal algoritmo dentro de uma meta-heurística como a Otimização por Enxame de Partículas em uma abordagem diversa das anteriores. Ma e Liu (2010) e Zhong (2008) propuseram resoluções baseadas em PSO com o uso da Árvore Geradora Mínima, mas em abordagens distintas da utilizada neste trabalho.

4.3 Uso da Árvore Geradora Mínima e de geometria para obter topologia

Sejam dados os pontos obrigatórios e pontos de Steiner produzidos, ou randomicamente, na solução inicial, ou pela execução do algoritmo, ao longo do processo. A priori, como a topologia não está definida, todos os pontos podem se ligar a quaisquer outros, o que gera um grafo completamente ligado, em que o peso de cada aresta é a distância euclidiana entre os vértices ligados por esta aresta. Pode-se, então, aplicar um algoritmo de AGM para transformar este grafo em uma árvore mínima. O algoritmo de Prim é, comumente, usado para solucionar tal problema (PRIM, 1957).

Em linhas gerais, o algoritmo de Prim é descrito no Algoritmo 2.

Algoritmo 2 - Algoritmo de Prim simplificado para grafos

Algoritmo Prim
Escolha, arbitrariamente, um vértice inicial para a árvore;
enquanto houver vértices que não pertençam à árvore
     Acrescente à arvore o vértice adjacente a um vértice da árvore que tenha o menor peso;
fim.

Fonte: autor

No caso da resolução proposta, como cada ponto pode estar ligado a qualquer outro ponto do problema, o algoritmo poderia ser reescrito como no Algoritmo 3.

Algoritmo 3 - Algoritmo de Prim simplificado para o PASE

Algoritmo Prim
Escolha, arbitrariamente, um vértice inicial para a árvore;
enquanto houver vértices que não pertençam à árvore
     Acrescente à arvore o vértice que não pertença à árvore e que tenha a menor distância a qualquer
     vértice da árvore.
fim.

Fonte: autor

A Figura 10 ilustra um PASE com 5 pontos obrigatórios: P1 a P5 e de Steiner: S1 a S3, com a situação anterior a aplicação do algoritmo de Prim, onde o grafo é considerado completamente ligado, à esquerda, e após a aplicação do algoritmo, à direita. Neste exemplo os pontos de Steiner não estão, ainda, bem posicionados.

Figura 10 - Antes (à esquerda) e após (à direita) a aplicação do Algoritmo de Prim

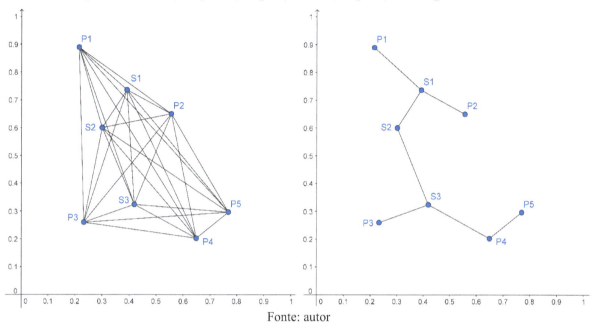

Fonte: autor

A aplicação do algoritmo de Prim gera uma árvore mínima, mas esta não é uma árvore de Steiner porque os pontos de Steiner não estão nas posições ideais. Isto gera várias não conformidades que precisam ser tratadas.

4.3.1 Remoção das não conformidades na Topologia Cheia geradas pelo algoritmo de Prim

Como foi visto na seção 0, numa topologia cheia (FST):

a) Os pontos obrigatórios dados tem grau 1, ou seja, são folhas da árvore;

b) No caso de um ponto obrigatório com grau maior que 1, tem-se um ou mais pontos de Steiner coincidentes com o ponto obrigatório;

c) Os pontos de Steiner têm grau 3;

d) No caso de um ponto de Steiner com grau maior que 3, tem-se dois ou mais pontos de Steiner coincidentes.

Após a execução do algoritmo de Prim, as principais não conformidades encontradas são:

a) Pontos de Steiner que sejam folhas da árvore, ou seja, tenham grau 1;

b) Pontos de Steiner que tenham grau 2;

c) Pontos obrigatórios que tenham grau maior que 1;

d) Pontos de Steiner que tenham grau maior que 3.

A Figura 10 apresenta duas não conformidades: o ponto de Steiner S2 e o ponto obrigatório P4, ambos, com grau 2.

O tratamento a ser dado a cada um destes casos é:

a) Para o caso em que os pontos de Steiner que tenham grau 1, a solução é a retirada do ponto da árvore pela exclusão da aresta que o liga à árvore. Este ponto é colocado em um conjunto de pontos disponíveis para uso na solução dos problemas 3 e 4. A retirada de um ponto de Steiner da árvore, pode produzir um outro ponto nesta condição caso os pontos estejam formando uma ramificação. Deve-se, então, verificar esta condição e retirar este outro ponto. A Figura 11 exemplifica a não conformidade de um ponto de Steiner de grau 1, o ponto S1, à esquerda, e a remoção deste ponto, à direita;

Figura 11 - Retirada de um ponto de Steiner de grau 1

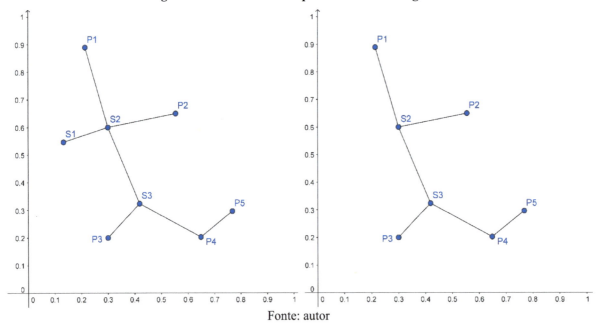

Fonte: autor

b) Para o caso em que os pontos de Steiner que tenham grau 2, a solução é a inclusão de uma aresta ligando diretamente seus pontos adjacentes e a retirada do ponto da árvore pela exclusão das arestas que o ligam à árvore. Este é um caso de desigualdade triangular, onde um lado do triângulo é sempre menor ou igual à soma dos outros lados. No caso de ser igual, trata-se de três pontos colineares, que pode ser o caso de um triângulo degenerado. Aqui, novamente, o ponto é colocado em um conjunto de pontos disponíveis para uso na solução dos problemas 3 e 4. A Figura

12 mostra um ponto de Steiner de grau 2, o ponto S2, à esquerda, e a sua remoção, à direita, por desigualdade triangular;

Figura 12 - Ponto de Steiner com grau 2 e a sua remoção

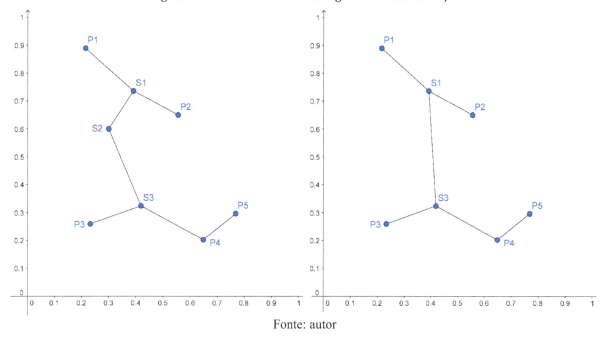

Fonte: autor

c) Para o caso em que os pontos obrigatórios que tenham grau maior que 1, a solução é calcular o ângulo entre cada para de arestas incidentes no ponto, escolhendo o menor, caso o grau seja maior que 2, e colocar um ponto de Steiner, do conjunto de pontos disponíveis gerados nos casos anteriores, da seguinte forma: se o ângulo for menor que 120°, então calcula-se a posição considerando o ponto obrigatório e seus dois adjacentes, senão, posiciona-se o ponto de Steiner coincidindo com o ponto obrigatório. Deve-se repetir o processo até que o ponto obrigatório fique com grau 1. A Figura 13 mostra a inserção do ponto S2 para resolver a não conformidade, para o caso em que o ângulo é menor que 120°. As arestas (S3, P4) e (P4, P5) foram removidas e criadas as arestas (S2, S3), (S2, P4) e (S2, P5). Caso o ângulo fosse maior ou igual a 120°, também seriam removidas e criadas as mesmas arestas, com a particularidade que a aresta (S2, P4) teria peso nulo, visto que a distância é nula.

Figura 13 - O ponto P4 com grau 2 e a colocação do ponto S2 para resolver a não conformidade

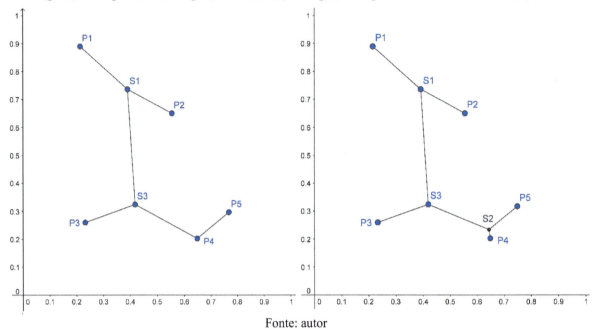

Fonte: autor

d) Para o caso em que pontos de Steiner que tenham grau maior que 3, a solução é semelhante à adotada para pontos obrigatórios de grau maior que 1, diferindo, apenas, que o ponto deve ficar com grau 3 no final do processo.

4.3.2 Calculo vetorial de um ponto de Steiner a partir de três pontos dados

O cálculo do ponto de Steiner a partir de três pontos dados merece destaque devido ao fato de que, como o problema é em $\mathbb{R}^n$, não se sabe de antemão a dimensão do espaço do problema. Soluções em 3 dimensões para o cálculo deste ponto tem dificuldade de ser estendidas, computacionalmente, para um espaço n-dimensional. Adotou-se, então, uma solução vetorial.

Entendendo-se que 3 pontos definem um plano euclidiano n-dimensional, dados os pontos P_1, P_2 e P_3 neste espaço, sejam $\vec{A}, \vec{B}$ e $\vec{C}$ seus vetores associados, respectivamente. Dados os escalares λ_1 e λ_2, o vetor $\vec{V}$ pertence ao plano definido por estes vetores se:

$$\vec{V} = \vec{A} + \lambda_1(\vec{B} - \vec{A}) + \lambda_2(\vec{C} - \vec{A})$$

A Figura 14 exibe uma representação desta equação vetorial.

Figura 14 - Vetor V definido pelos vetores A, B e C

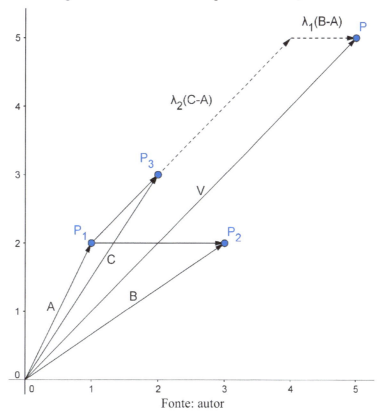

Fonte: autor

Para facilitar a visualização das equações, considere-se a substituição de variáveis.

Sejam $\vec{D} = (\vec{B} - \vec{A})$ e $\vec{E} = (\vec{C} - \vec{A})$. O produto vetorial pode ser escrito como:

$$\vec{D} \cdot \vec{E} = |\vec{D}| \cdot |\vec{E}| \cdot \cos\theta$$

Pode-se definir

$$|\vec{X}| = |\vec{E}| \cdot \cos\theta = \frac{\vec{D} \cdot \vec{E}}{|\vec{D}|}$$

Sendo o vetor unitário na direção de $\vec{D}$ definido como:

$$\vec{u} = \frac{\vec{D}}{|\vec{D}|}$$

Tem-se:

$$\vec{X} = \frac{\vec{D} \cdot \vec{E}}{|\vec{D}|} \cdot \frac{\vec{D}}{|\vec{D}|}$$

E finalmente:

$$\vec{X} = \frac{\vec{D} \cdot \vec{E}}{\vec{D} \cdot \vec{D}} \cdot \vec{D}$$

O vetor $\vec{Y}$, ortogonal a $\vec{X}$ e pertencente ao mesmo plano, é definido como:

$$\vec{Y} = \vec{E} - \vec{X}$$

E o vetor unitário na direção do vetor $\vec{Y}$ é:

$$\vec{v} = \frac{\vec{Y}}{|\vec{Y}|}$$

A Figura 15 ilustra a derivação do vetor $\vec{Y}$, ortogonal a $\vec{D}$ e pertencente ao plano formado por $\vec{D}$ e $\vec{E}$.

Figura 15 - Derivação do vetor Y, ortogonal ao vetor D, e pertencente ao mesmo plano formado por D e E

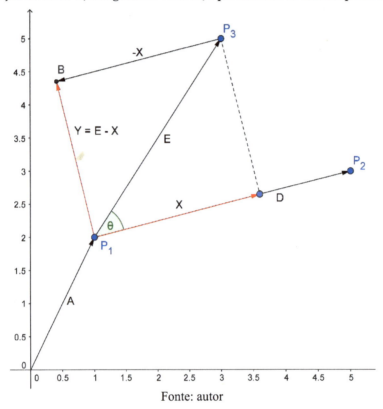

Fonte: autor

A partir da derivação dos vetores unitários $\vec{u}$ e $\vec{v}$, pode-se determinar o vetor $\vec{R}$, cuja extremidade é o ponto P_4, terceiro vértice do triângulo equilátero formado por P_1, P_2 e P_4. Assim:

$$\vec{R} = \vec{A} + \frac{1}{2}|\vec{D}| \cdot \vec{u} + \frac{\sqrt{3}}{2}|\vec{D}| \cdot \vec{v}$$

Desta forma é possível determinar o ponto P_4 e, consequente, o segmento $P_3 P_4$ como a Figura 16 ilustra.

Figura 16 - Determinação do triângulo equilátero P₁P₂P₄ e do segmento P₃P₄.

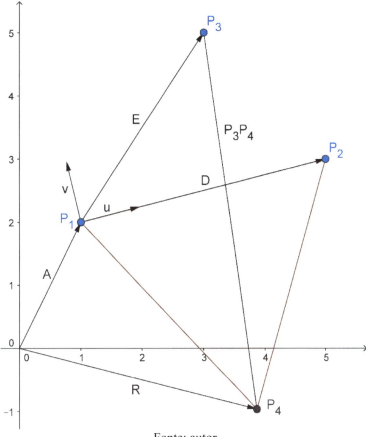

Fonte: autor

De forma simétrica, trocando-se $\vec{D}$ por $\vec{E}$, é possível se determinar o ponto P_5 e o segmento P_2P_5. A intersecção entre o segmento P_3P_4 e o segmento P_2P_5 é o ponto de Steiner, segundo Simpson, conforme descrito na seção 2.4.1. A Figura 17 mostra a determinação do ponto de Steiner, dados P_1, P_2 e P_3.

Figura 17 - Determinação vetorial do ponto de Steiner

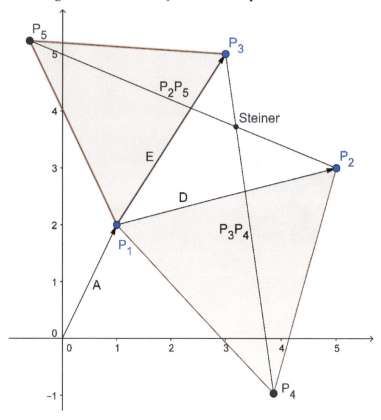

Fonte: autor

Uma observação importante a ser ressaltada é que este cálculo vetorial, que encontra uma solução exata, pressupõe que sejam dados três pontos. Mas, para qualquer caso em que o número de pontos dados seja maior que 3, pelo menos um ponto será um ponto de Steiner e, sendo assim, sujeito à variação de sua posição. Consequentemente, isto implica em se refazer o cálculo vetorial. Daí deriva a não existência de métodos de resolução exata para o PASE de eficiência comparável aos métodos de resolução da AGM. Mas isto não implica que não se possa utilizar deste cálculo para encontrar uma topologia de interesse para um ponto de partida e uma aproximação inicial para a posição do ponto de Steiner. Esta aproximação pode ser usada em um método interativo para a localização das posições dos pontos, como a resolução de Smith. (SMITH, 1992)

4.3.3 Algoritmo de Obtenção de Topologia

A obtenção de topologia, derivada do exposto na seção 4.3, está delineada no Algoritmo 4.

Algoritmo 4 - Gera Topologia a partir das posições dos pontos obrigatórios e de Steiner

Algoritmo Gera Topologia
Entrada: As posições dos pontos obrigatórios e de Steiner
Saída: Uma topologia

Executar o algoritmo de Prim, considerando o grafo inicial completamente ligado;
enquanto houver pontos de Steiner com grau igual a 1
    Remover do grafo a aresta incidente no ponto de Steiner com grau igual a 1;
    Armazenar o ponto de Steiner removido em um conjunto Disponíveis;
fim
enquanto houver pontos de Steiner com grau igual a 2
    Identificar os pontos adjacentes ao ponto de Steiner com grau igual a 2;
    Criar uma aresta ligando os pontos adjacentes identificados;
    Remover do grafo as arestas incidentes no ponto de Steiner com grau igual a 2;
    Armazenar o ponto de Steiner removido em um conjunto Disponíveis;
fim
enquanto houver pontos obrigatórios que tenham grau maior que 1
    se grau do ponto obrigatório for maior que 2
        Selecionar o par de pontos adjacentes que formem o menor ângulo com o ponto obrigatório;
    senão
        Selecionar o único par de pontos adjacentes;
    fim
    se ângulo formado pelo par de pontos adjacentes selecionado for maior que 120°
        Posicionar um ponto de Steiner do conjunto Disponíveis sobre o ponto obrigatório;
    senão
        Posicionar um ponto de Steiner do conjunto Disponíveis através do cálculo vetorial da posição, dados o ponto obrigatório e o par de adjacentes selecionado;
    fim
    Incluir 3 arestas entre o ponto de Steiner reposicionado e o ponto obrigatório e os pontos do par de adjacentes selecionado;
fim
enquanto houver pontos de Steiner que tenham grau maior que 3
    Selecionar o par de pontos adjacentes que formem o menor ângulo com o ponto de Steiner observado;
    se ângulo formado pelo par de pontos adjacentes selecionado for maior que 120°
        Posicionar um ponto de Steiner do conjunto Disponíveis sobre o ponto de Steiner observado;
    senão
        Posicionar um ponto de Steiner do conjunto Disponíveis através do cálculo vetorial da posição, dados o ponto de Steiner observado e o par de adjacentes selecionado;
    fim
    Incluir 3 arestas entre o ponto de Steiner reposicionado e o ponto de Steiner observado e os pontos do par de adjacentes selecionado;
fim.

Fonte: autor

O objetivo da execução do algoritmo "Gera Topologia" é obter uma topologia de distância mínima a partir de um conjunto de pontos obrigatórios e de Steiner fornecidos. O primeiro procedimento é executar o algoritmo de Prim nos pontos da entrada. Como o algoritmo de Prim não faz distinção entre os pontos obrigatórios e de Steiner, visto que é um algoritmo de Árvore Geradora Mínima, ele vai produzir a árvore mínima independente da distinção entre estes tipos de pontos. Isto irá gerar uma topologia com uma série de não conformidades em relação à topologia cheia. O algoritmo então começa pela remoção dos pontos de Steiner que são folhas da árvore (Figura 11), seguida da remoção dos que tem grau 2 (Figura 12). Como os pontos obrigatórios devem ter grau igual a 1, os pontos de Steiner removidos devem ser reintroduzidos, ligando-se a estes obrigatórios, a fim de corrigir a não conformidade (Figura 13). Finalmente o processo de reinserção visa corrigir pontos de Steiner de grau maior que 3. A saída do algoritmo é de uma topologia cheia, com os pontos de Steiner da entrada que já eram viáveis posicionados adequadamente e com os pontos reinseridos em posições, possivelmente, mais próximas da viabilidade.

4.4 A Otimização por Enxame de Partículas modificada para a resolução do PASE.

Como exposto no título 3, a Otimização por Enxame de Partículas impõe que as partículas, que para o PASE são as soluções, sofram alterações baseadas na sua "posição" atual, na sua componente cognitiva e na componente social. A componente cognitiva da partícula é a melhor "posição" que ela ocupou, ao longo do processo, e a componente social é a melhor "posição" ocupada por uma partícula qualquer do enxame. "Posição", no caso do PASE, significa o conjunto de coordenadas espaciais dos pontos e a topologia, representada pelo conjunto de arestas da árvore.

Seja a velocidade conceituada como a modificação da partícula entre duas interações consecutivas ao longo do processo de resolução. Esta variação tem dois aspectos muitos distintos a serem considerados, que são as coordenadas espaciais e a topologia. Enquanto o primeiro aspecto tem características lineares, que permitem um tratamento baseado em Álgebra Linear, o segundo aspecto é combinacional e, portanto, não permite o tratamento linear.

Diante desta dicotomia, pode-se fazer três abordagens:

a) Desprezar a parte combinatória e trabalhar com as posições espaciais dos pontos de Steiner, e seus vetores de velocidade, ou;

b) Focar na topologia e desprezar as posições espaciais dos pontos, ou ainda;

c) Considerar os dois aspectos simultaneamente.

A primeira abordagem foi considerada nas versões preliminares deste trabalho, mas teve sua viabilidade questionada por apresentar uma convergência muito lenta, mesmo em problemas de pequeno porte.

A segunda abordagem é a abordagem utilizada na maior parte das soluções consideradas pelos pesquisadores do PASE, com o uso de uma heurística para a definição da topologia e o posicionamento usando o algoritmo de Smith.

A terceira abordagem foi, então, considerada neste trabalho.

4.4.1 Velocidade da partícula baseada na topologia e na posição dos pontos de Steiner

Esta abordagem baseia-se no modelo padrão da Otimização por Enxame de Partículas, onde foram modificados os conceitos das componentes cognitiva e social e por utilizar um guia para indicar o caminho da otimização.

O guia é o algoritmo de Prim. Este foi escolhido por uma constatação bastante óbvia: A árvore que representa a solução ótima global do PASE é, também, uma Árvore Geradora Mínima considerando todos os pontos, obrigatórios e de Steiner.

Desta forma, pode-se utilizar como guia o algoritmo de Prim para combinar as partículas. Esta combinação consiste em juntar duas partículas em um único grafo e aplicar o algoritmo de Prim para ser obter uma Árvore Geradora Mínima desta composição. Junção inicial produz um grafo com os pontos obrigatórios que são todos comuns e idênticos nas duas partículas e os pontos de Steiner que são particulares de cada partícula. Ao fazer a junção e a execução do algoritmo de Prim, são produzidas várias não conformidades em relação à topologia cheia. A aplicação de um conjunto de procedimentos de eliminação e reposicionamento semelhantes ao do algoritmo "Gera Topologia" descrito em 4.3.3, obtêm-se uma partícula, cujo custo seja igual ou menor que o das partículas originais. Os pontos de Steiner que não fizerem parte da topologia gerada na saída são desprezados. O Algoritmo 5 descreve o "Passo de Partícula".

Algoritmo 5 - Algoritmo Passo de Partícula

Algoritmo Passo_de_Particula
Entrada:

       As posições dos pontos obrigatórios da partícula atual;
       As posições dos pontos de Steiner da partícula atual;
       As posições dos pontos de Steiner de outra partícula;

Saída: Uma topologia resultante da combinação das partículas da entrada.

Executar o algoritmo de Prim, considerando o grafo inicial completamente ligado gerado por todos os pontos da entrada;
enquanto houver pontos de Steiner com grau igual a 1
       Remover do grafo a aresta incidente no ponto de Steiner com grau igual a 1;
       Armazenar o ponto de Steiner removido em um conjunto Disponíveis;
fim
enquanto houver pontos de Steiner com grau igual a 2
       Identificar os pontos adjacentes ao ponto de Steiner com grau igual a 2;
       Criar uma aresta ligando os pontos adjacentes identificados;
       Remover do grafo as arestas incidentes no ponto de Steiner com grau igual a 2;
       Armazenar o ponto de Steiner removido em um conjunto Disponíveis;
fim
enquanto houver pontos obrigatórios que tenham grau maior que 1
       se grau do ponto obrigatório for maior que 2
          Selecionar o par de pontos adjacentes que formem o menor ângulo com o ponto obrigatório;
       senão
          Selecionar o único par de pontos adjacentes;
       fim
       se ângulo formado pelo par de pontos adjacentes selecionado for maior que 120º
          Posicionar um ponto de Steiner do conjunto Disponíveis sobre o ponto obrigatório;
       senão
          Posicionar um ponto de Steiner do conjunto Disponíveis através do cálculo vetorial da posição, dados o ponto obrigatório e o par de adjacentes selecionado;
       fim
       Incluir 3 arestas entre o ponto de Steiner reposicionado e o ponto obrigatório e os pontos do par de adjacentes selecionado;
fim
enquanto houver pontos de Steiner que tenham grau maior que 3
       Selecionar o par de pontos adjacentes que formem o menor ângulo com o ponto de Steiner observado;
       se ângulo formado pelo par de pontos adjacentes selecionado for maior que 120º
          Posicionar um ponto de Steiner do conjunto Disponíveis sobre o ponto de Steiner observado;
       senão
          Posicionar um ponto de Steiner do conjunto Disponíveis através do cálculo vetorial da posição, dados o ponto de Steiner observado e o par de adjacentes selecionado;
       fim
       Incluir 3 arestas entre o ponto de Steiner reposicionado e o ponto de Steiner observado e os pontos do par de adjacentes selecionado;
fim.
Desprezar os pontos de Steiner que não forem reinseridos na topologia

Fonte: autor

4.4.2 Algoritmo Geral Proposto: PSO-Steiner

O algoritmo geral da solução proposta pode ser composto a partir dos diversos componentes, quais sejam, os algoritmos "Gera Topologia" e "Passo de Partícula" inseridos na estrutura geral da Meta-heurística de Otimização por Enxame de Partículas com os aprimoramentos geométricos, denominado "PSO-Steiner".

O processo de combinar a partícula com a sua melhor versão anterior torna-se a componente cognitiva do PSO. Semelhantemente, a sua componente social torna-se o ato de se combinar a partícula com a melhor partícula de todas até então.

Inicialmente são construídas as partículas com os pontos obrigatórios dados e os pontos de Steiner são gerados randomicamente. O algoritmo "Gera Topologia" se encarrega de produzir uma topologia viável para cada partícula. Neste processo a melhor partícula global é selecionada a partir da função de custo f que calcula a distância total da partícula.

A cada iteração são realizadas duas combinações de cada partícula X_i com a sua melhor versão anterior, $Pbest_i$, sua componente cognitiva, e com a melhor partícula de todas, $Gbest$, a componente social. Depois ocorre a verificação se a partícula modificada tem o custo menor que a sua versão anterior. Em caso positivo, esta partícula é armazenada em $Pbest_i$ e se esta for melhor que $Gbest$, ela é armazenada nesta última variável. Após este processo, o resultado é a partícula em $Gbest$. O Algoritmo 6 descreve a metodologia no seu nível mais alto.

Algoritmo PSO-Steiner
Entrada:
    A quantidade e as posições dos pontos obrigatórios do problema;
    A quantidade p de partículas a gerar;
    O número N de iterações;

Saída: A melhor solução encontrada e seu custo mínimo.
Sejam:
    $Pbest_i$ a melhor versão da partícula p_i com o menor custo
    $Gbest$ a melhor versão dentre todas as partículas com o menor custo geral
    $f(X_i)$ a função que calcula a distância total da partícula
para cada partícula $X_i, i = 1,\ldots,p$
    atribuir os pontos obrigatórios da entrada a $X_i.obrigatorios$;
    gerar os pontos de Steiner aleatoriamente e atribuir a $X_i.steiner$;
    gerar a topologia pelo algoritmo "Gera Topologia";
    se $f(X_i) < f(Gbest)$
        $Gbest \leftarrow X_i$;
    fim
fim
para cada iteração $n = 1,\ldots,N$
    para cada partícula $X_i, i = 1,\ldots,p$
        mesclar a partícula X_i com $Pbest_i$ usando o algoritmo "Passo de Partícula"
        mesclar a partícula X_i com $Gbest$ usando o algoritmo "Passo de Partícula"
        se $f(X_i) < f(Pbest_i)$
            $Pbest_i \leftarrow X_i$
            se $f(Pbest_i) < f(Gbest)$
                $Gbest \leftarrow Pbest_i$
            fim
        fim
    fim
fim
retorna $Gbest$ e $f(Gbest)$

Fonte: autor

4.5 Resolução com Uso de Processamento Paralelo com MPI

A resolução do problema proposta no subtítulo 4.4 pode ser melhorada com o uso de paralelismo real na execução. O problema do processamento das partículas pode ser dividido entre vários processos executados em máquinas distintas ou núcleos de processadores distintos. Desta forma, cada processo fica encarregado pelo processamento de uma certa quantidade das partículas totais.

O modelo de passagem de mensagens mostrou-se uma opção adequada para uso por fazer uso de um conjunto de processos que demandam apenas a memória local e a capacidade de comunicação com os outros processos, através do envio e recebimento de mensagens (GROPP, LUSK e SKJELLUM, 1999). Outras soluções de sistemas distribuídos, como Threads que fica limitada ao número de núcleos da máquina onde é executado o processo, ou RMI que traria outras demandas na configuração das máquinas e dificultaria a comparação entre a versão monoprocessadas e paralela, foram preteridas.

Segundo Coulouris *et al.* (2012), o padrão *Message Passing Interface* (MPI) foi desenvolvido pela comunidade de computação de alto desempenho e surgiu em 1994 no MPI Forum. Foi projetado de forma a ser flexível e apresenta uma especificação de passagem de mensagens com uma ampla variedade de operações, fazendo uso de buffers no destinatário e, opcionalmente, no remetente, sendo independente de sistema operacional e dos protocolos de rede.

4.5.1 Adaptação do Algoritmo Geral Proposto para uso com MPI

O modelo de paralelismo *master-slave* ou *master-worker*, segundo Enrique Alba (2005), é bem popular na área de computação paralela. O Modelo de Nível de Iteração para P-Meta-heurísticas apresenta-se como o mais adequado para a solução do PASE, já que cada partícula pertencente ao enxame é tratada como uma unidade independente. (TALBI, 2009)

No modelo *master-worker*, adota-se uma separação de atividades entre o processo mestre e o processo trabalhador. Para um número de processos maior que dois, tem-se um mestre e os demais fazem o papel de trabalhador.

No caso do PASE, o papel do mestre é receber as melhores partículas de cada um dos processos trabalhadores, selecionar a melhor entre elas, a *Gbest*, e devolver esta informação a todos os trabalhadores. No mestre não há interação entre as partículas recebidas, apenas a seleção da melhor.

O papel do processo trabalhador é executar o algoritmo PSO-Steiner sobre um subconjunto das partículas, que é modificado para enviar para o processo mestre a melhor partícula global obtida no processo local, a partícula *Lbest (Local best)*.

A comunicação entre mestre e trabalhadores pode ser síncrona ou assíncrona.

A Figura 18 traz uma visualização gráfica do modelo de paralelismo e das trocas de mensagens.

Figura 18 - Modelo de paralelismo Mestre-Trabalhador adotado com as trocas de mensagens

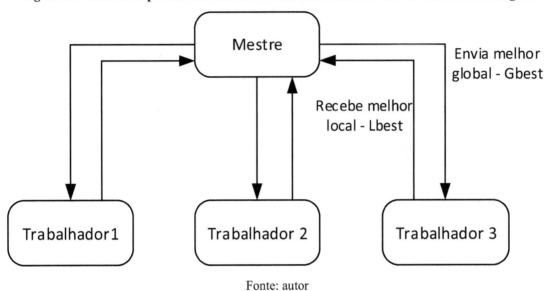

Fonte: autor

4.5.2 Algoritmo proposto usando paralelismo e comunicação síncrona.

Na comunicação síncrona, o mestre recebe as melhores partículas de todos processos trabalhadores e seleciona a melhor partícula global, *Gbest* que é enviada, então, para todos os trabalhadores. Como nesta solução são usadas funções de envio e recebimento bloqueantes, a seleção só tem início após o recebimento das partículas de todos os trabalhadores e o envio de *Gbest*, para todos os trabalhadores, deve ser concluída antes do reinicio da etapa de recebimento. O Algoritmo 7 descreve a atividade do processo mestre síncrono.

Algoritmo 7 - Algoritmo PSO-Steiner-Mestre-Síncrono

Algoritmo PSO-Steiner-Mestre-Síncrono
Entrada:
  A quantidade e as posições dos pontos obrigatórios do problema;
  A quantidade t de processos trabalhadores;
  O número N de iterações;

Saída: A melhor solução encontrada e seu custo mínimo.
Sejam:
  $Gbest$ a melhor versão dentre todas as partículas com o menor custo geral
  $f(X_i)$ a função que calcula a distância total da partícula i
para cada partícula $X_i, i = 1, \ldots, t$
  atribuir os pontos obrigatórios da entrada a $X_i.obrigatorios$;
fim
para cada iteração $n = 0, \ldots, N$
  para cada partícula $X_i, i = 1, \ldots, t$
    receber os pontos de Steiner de cada trabalhador i e atribuir a $X_i.steiner$;
    receber a topologia de cada trabalhador i e atribuir a $X_i.arestas$;
    se $f(X_i) < f(Gbest)$
      $Gbest \leftarrow X_i$;
    fim
  fim
  para cada processo trabalhador $i = 1, \ldots, t$
    enviar os pontos de Steiner $Gbest.steiner$ para o trabalhador i;
    enviar a topologia $Gbest.arestas$ para o trabalhador i;
  fim
fim
retorna $Gbest$ e $f(Gbest)$

Fonte: autor

O processo trabalhador, por sua vez, deve, inicialmente, gerar as partículas aleatórias. A quantidade de partículas para cada processo trabalhador é inversamente proporcional ao número de processos, ou seja, dados k partículas totais e t processos trabalhadores, cada processo irá gerar $p = k/t$ partículas. Das partículas iniciais geradas será selecionada a melhor partícula no nível do processo, a *Lbest* que será enviada para o processo mestre. A partir deste ponto, o algoritmo é muito similar ao Algoritmo PSO-Steiner com o acréscimo de uma etapa de recebimento de um novo *Gbest* vindo do mestre no início de cada iteração, seu processamento com *Lbest* através do algoritmo "Passo de Partícula" e, ao final da iteração, o envio ao mestre do novo *Lbest*. O Algoritmo 8 descreve a atividade do processo trabalhador.

Algoritmo 8 - Algoritmo PSO-Steiner-Trabalhador-Síncrono

Algoritmo PSO-Steiner-Trabalhador-Síncrono
Entrada:
    A quantidade e as posições dos pontos obrigatórios do problema;
    A quantidade p de partículas a gerar;
    O número N de iterações;

Saída: A melhor solução encontrada e seu custo mínimo.
Sejam:
    $Pbest_i$ a melhor versão da partícula p_i com o menor custo
    $Lbest$ a melhor versão dentre todas as partículas do processo trabalhador com o menor custo local
    $Gbest$ a melhor versão dentre todas as partículas com o menor custo geral
    $f(X_i)$ a função que calcula a distância total da partícula
atribuir os pontos obrigatórios da entrada a $Gbest.obrigatorios$;
atribuir os pontos obrigatórios da entrada a $Lbest.obrigatorios$;
para cada partícula $X_i, i = 1,...,p$
    atribuir os pontos obrigatórios da entrada a $X_i.obrigatorios$;
    gerar os pontos de Steiner aleatoriamente e atribuir a $X_i.steiner$;
    gerar a topologia pelo algoritmo "Gera Topologia";
    $Pbest_i \leftarrow X_i$
    se $f(X_i) < f(Lbest)$
        $Lbest \leftarrow X_i$;
    fim
fim
enviar os pontos de Steiner $Lbest.steiner$ para o mestre;
enviar a topologia $Lbest.arestas$ para o mestre;
para cada iteração $n = 1,...,N$
    receber os pontos de Steiner do mestre e atribuir a $Gbest.steiner$;
    receber a topologia do mestre e atribuir a $Gbest.arestas$;
    mesclar a partícula $Lbest$ com $Gbest$ usando o algoritmo "Passo de Partícula"
    para cada partícula $X_i, i = 1,...,p$
        mesclar a partícula X_i com $Pbest_i$ usando o algoritmo "Passo de Partícula"
        mesclar a partícula X_i com $Lbest$ usando o algoritmo "Passo de Partícula"
        se $f(X_i) < f(Pbest_i)$
            $Pbest_i \leftarrow X_i$
            se $f(Pbest_i) < f(Lbest)$
                $Lbest \leftarrow Pbest_i$
            fim
        fim
    fim
    enviar os pontos de Steiner $Lbest.steiner$ para o mestre;
    enviar a topologia $Lbest.arestas$ para o mestre;
fim

Fonte: autor

Neste par de algoritmos, cada trabalhador executa N iterações, onde ocorre o recebimento da melhor partícula global, o processamento de p partículas e o envio do *Lbest* para o processo mestre. São *N+1* trocas de partículas entre cada trabalhador e o mestre, sendo uma de valores iniciais e N das iterações. Ao final, a melhor partícula obtida, *Gbest*, será retornada pelo processo mestre.

Uma limitação desta abordagem é que, enquanto no algoritmo monoprocessado o *Gbest* é atualizado a cada iteração de cada partícula, no modelo paralelo o *Gbest* só é atualizado ao final de uma passagem sobre todas as partículas do processo trabalhador. Isto pode, em tese, desacelerar o ritmo de melhoria do *Gbest*. Isto motivou o desenvolvimento da versão assíncrona deste algoritmo.

4.5.3 Algoritmo proposto usando paralelismo e comunicação assíncrona.

Pode-se modificar os algoritmos mestre e trabalhador para se tornarem assíncronos. Assincronia, neste contexto, significa que o mestre não deve esperar receber a melhor partícula de todos os trabalhadores para escolher o *Gbest* e espalhar esta nova partícula para todos os trabalhadores. A cada partícula, recebida de um trabalhador qualquer, é verificado tratar-se de uma nova *Gbest* e, neste caso, ocorre a divulgação para os demais trabalhadores. O Algoritmo 9 mostra a versão assíncrona do mestre.

Algoritmo 9 - Algoritmo PSO-Steiner-Mestre-Assíncrono

Algoritmo PSO-Steiner-Mestre-Assíncrono
Entrada:
    A quantidade e as posições dos pontos obrigatórios do problema;
    A quantidade t de processos trabalhadores;
    O número N de iterações;

Saída: A melhor solução encontrada e seu custo mínimo.
Sejam:
    Gbest a melhor versão dentre todas as partículas com o menor custo geral
    $f(X_i)$ a função que calcula a distância total da partícula i
    $X_i.terminou$ atributo da partícula i indicando que o processo trabalhador i terminou
    terminados o número de processos trabalhadores que já encerraram
para cada partícula $X_i, i = 1, \ldots, t$
    atribuir os pontos obrigatórios da entrada a $X_i.obrigatorios$;
fim
enquanto houver $X_i.terminou = false, para\ i = 1, \ldots, t$
    receber os pontos de Steiner de um trabalhador i qualquer e atribuir a $X_i.steiner$;
    receber a topologia do trabalhador i e atribuir a $X_i.arestas$;
    se $f(X_i) < f(Gbest)$
        $Gbest \leftarrow X_i$;
        para cada processo trabalhador $i = 1, \ldots, i-1, i+1, \ldots, t$
            enviar os pontos de Steiner $Gbest.steiner$ para o trabalhador i;
            enviar a topologia $Gbest.arestas$ para o trabalhador i;
        fim
    fim
fim
retorna $Gbest$ e $f(Gbest)$

Fonte: autor

Por sua vez, no processo trabalhador assíncrono, assim que se obtenha uma nova partícula *Lbest,* deve-se envia-la para o processo mestre. Neste cenário, não há alteração no número de iterações nos processos trabalhadores, mas o tráfego entre o mestre e os trabalhadores não é fixo e pode diminuir ou aumentar. O Algoritmo 10 mostra a versão assíncrona do processo trabalhador.

Algoritmo 10 - Algoritmo PSO-Steiner-Trabalhador-Assíncrono

Algoritmo PSO-Steiner-Trabalhador-Assíncrono
Entrada:
    A quantidade e as posições dos pontos obrigatórios do problema;
    A quantidade p de partículas a gerar;
    O número N de iterações;
Saída: A melhor solução encontrada e seu custo mínimo.
Sejam:
    $Pbest_i$ a melhor versão da partícula p_i com o menor custo
    $Lbest$ a melhor versão dentre todas as partículas do processo trabalhador com o menor custo local
    $Gbest$ a melhor versão dentre todas as partículas com o menor custo geral
    $f(X_i)$ a função que calcula a distância total da partícula
atribuir os pontos obrigatórios da entrada a $Gbest.obrigatorios$;
atribuir os pontos obrigatórios da entrada a $Lbest.obrigatorios$;
para cada partícula $X_i, i = 1,\ldots,p$
    atribuir os pontos obrigatórios da entrada a $X_i.obrigatorios$;
    gerar os pontos de Steiner aleatoriamente e atribuir a $X_i.steiner$;
    gerar a topologia pelo algoritmo "Gera Topologia";
    $Pbest_i \leftarrow X_i$
    se $f(X_i) < f(Lbest)$
        $Lbest \leftarrow X_i$;
    fim
fim
enviar os pontos de Steiner $Lbest.steiner$ para o mestre;
enviar a topologia $Lbest.arestas$ para o mestre;
para cada iteração $n = 1,\ldots,N$
    para cada partícula $X_i, i = 1,\ldots,p$
        enquanto houver $Gbest$ enviado pelo mestre e não recebido
            receber os pontos de Steiner do mestre e atribuir a $Gbest.steiner$;
            receber a topologia do mestre e atribuir a $Gbest.arestas$;
            mesclar a partícula $Lbest$ com $Gbest$ usando o algoritmo "Passo de Partícula"
        fim
        mesclar a partícula X_i com $Pbest_i$ usando o algoritmo "Passo de Partícula"
        mesclar a partícula X_i com $Lbest$ usando o algoritmo "Passo de Partícula"
        se $f(X_i) < f(Pbest_i)$
            $Pbest_i \leftarrow X_i$
            se $f(Pbest_i) < f(Lbest)$
                $Lbest \leftarrow Pbest_i$
                enviar os pontos de Steiner $Lbest.steiner$ para o mestre;
                enviar a topologia $Lbest.arestas$ para o mestre;
            fim
        fim
    fim
fim
fazer $Lbest.terminou = verdadeiro$
enviar $Lbest$ para o mestre;

Fonte: autor

5 RESULTADOS COMPUTACIONAIS

Os algoritmos apresentados anteriormente foram implementados na linguagem C++ e executados usando vários conjuntos de arquivos de pontos aleatórios gerados no intervalo de 0 a 1 num espaço tridimensional. Foi, também, utilizada uma outra solução baseada na meta-heurística GRASP com uso de *Path-relinking*. Os resultados foram coletados para uma análise comparativa.

5.1 Ambiente computacional de testes

Para os testes computacionais foram usados os seguintes elementos computacionais:

- Computadores constituídos por 4 máquinas virtuais em um ambiente de virtualização VMware ESXi 6,0 com 4 VCPUs não limitadas em *clock*, 1 GByte de memória RAM, configuradas de modo a não compartilhar estas VCPUs. Os computadores hosts são 6 (seis) servidores Dell PowerEdge R710 Rev. 2, dotadas de 2 processadores Intel® Xeon™ X5690, com 6 Núcleos, 12 MBytes de cache L2, *clock* normal 3466 MHz, *clock* máximo 3600 MHz, com 96GBytes de memória RAM DDR de 1333 MHz;
- Sistema operacional Linux distribuição Fedora release 23 para 64 bits (x86_64);
- Compilador g++ (GCC) versão 5.1.1-4.
- *Message-Passing Interface* – MPI na implementação MPICH versão 3.1.4.

5.1.1 Mudança no ambiente entre os testes sem e com paralelismo

Houve uma mudança no ambiente entre os testes sem e com paralelismo, no tocante à carga de processamento dos hosts de virtualização. Nos testes sem paralelismo, a máquina virtual estava sofrendo a concorrência de, aproximadamente, 150 outras, numa média de 25 máquinas virtuais por host. Nos testes sem paralelismo, as máquinas virtuais rodaram sozinhas em diferentes hosts, visto que o ambiente deixou de ser de produção para se tornar um ambiente de testes. Diante disto, houve a necessidade de executar novamente a implementação sem paralelismo para a comparação com as versões com paralelismo.

5.2 Metodologia dos testes

A metodologia adotada foi a análise comparativa da execução de bateria de testes em duas situações distintas: a comparação entre dois softwares sem uso de paralelismo e a comparação entre três softwares com uso de paralelismo.

Para o caso sem paralelismo foi implementado um software a partir da descrição que se apresenta, doravante denominado "PSO-Steiner", sendo este comparado com uma outra solução, baseada na meta-heurística GRASP com *Path-relinking* (ROCHA, 2008), gentilmente cedida pelo professor Marcelo Lisboa Rocha, PhD, doravante denominada "AGMHeur4". Os resultados obtidos no caso sem paralelismo, discutidos a seguir, foram objeto de publicação de um capítulo de livro por Wilson Wolf Costa, Marcelo Lisboa Rocha, David Nadler Prata e Patrick Letouzé Moreira. (COSTA, ROCHA, *et al.*, 2019)

Para o caso com paralelismo foram implementadas as variantes para uso em um ambiente com MPI descritas em 4.5.

A bateria de testes teve as seguintes características:

1. Compilação das implementações no mesmo ambiente descrito em 5.1.

2. Para os dados de entrada do problema foram utilizados 2 (dois) conjuntos de arquivos de testes com pontos gerados aleatoriamente num espaço tridimensional no intervalo de 0 a 1, ambos contendo 10 arquivos cada. O primeiro conjunto contém arquivos de 1.000 pontos obrigatórios, enquanto o segundo contém arquivos de 10.000 pontos. Embora outros conjuntos de menor quantidade de pontos tenham sido usados nos testes da fase de implementação e nas comparações iniciais, os conjuntos de 1.000 e de 10.000 pontos foram escolhidos por serem significativamente maiores que os usados por outras soluções.

3. Para cada arquivo de entrada houve a execução dos programas por 10 vezes onde foram colhidos os tempos de execução e o custo mínimo da solução encontrada. Estes dez valores de tempo e custo formam a amostra usada na análise estatística dos resultados.

4. Adotou-se o mesmo critério de parada nas soluções: um total de 1.000 execuções do núcleo principal do algoritmo.

5. Para o programa proposto, PSO-Steiner, para cada execução foram gerados 100 conjuntos de pontos de Steiner, ou partículas, e realizadas 10 iterações sobre estes 100 conjuntos, o que equivale a 1000 passadas sobre uma solução candidata.

6. Para o programa de base de comparação, AGMHeur4, foram executadas 1000 iterações sobre o conjunto de dados.

7. Nas soluções com paralelismo, foram produzidas, também, 100 partículas, sendo que estas foram distribuídas entre os processos paralelos.

8. Os testes foram executados em lote, sem a interação com o usuário, de forma que houvesse a menor perda de tempo de CPU com Entrada e Saída (I/O), sendo que os resultados foram coletados em arquivos com o redirecionamento da saída padrão para uso na análise comparativa.

Quanto à análise estatística, foram realizados o teste F de Fisher-Snedecor e o teste T de *Student* nos resultados da execução de cada arquivo de instância. O teste F foi aplicado para se determinar se as variâncias são equivalentes ou diferentes. A partir desta informação foi escolhido o teste T apropriado, visto que este teste depende das variâncias serem equivalentes ou não. A hipótese nula, H_0, escolhida foi que as médias dos resultados das duas soluções sejam iguais. O nível de significância escolhido foi de 5%.

Quanto aos testes realizados com uso de paralelismo foram implementadas as versões síncrona e assíncrona do algoritmo do algoritmo, conforme descritas em 4.5.2 e 4.5.3. Estas implementações serão denominadas "PSO-Steiner-MPI-Sync", a versão síncrona e "PSO-Steiner-MPI-Async", a versão assíncrona. Em relação à versão assíncrona do algoritmo do processo trabalhador, Algoritmo 10, duas versões foram implementadas, uma delas com a supressão da mesclagem entre partícula X_i com $Pbest_i$ usando o algoritmo "Passo de Partícula", o que se mostrou interessante nos testes com 10.000 pontos. Esta variante da implementação assíncrona será denominada "PSO-Steiner-MPI-Async-2". Todas as execuções com paralelismo foram com a configuração de um mestre e três trabalhadores.

Há várias comparações possíveis entre os testes com e ser paralelismo. Considerando as duas principais características e os dois conjuntos de dados, de 1.000 e 10.000 pontos, formam-se quatro grupos de dados analisados. Cada um destes grupos foi subdividido em quatro análises considerando os dados comparados aos pares. As seguintes análises foram realizadas:

a) Resultados sem uso de paralelismo: estatística comparada entre as implementações "PSO-Steiner" e "AGMHeur4";

b) Resultados com e sem uso de paralelismo: estatística comparada entre as implementações "PSO-Steiner" e "PSO-Steiner-MPI-Sync";

c) Resultados com uso de paralelismo: estatística comparada entre as implementações "PSO-Steiner-MPI-Sync" e "PSO-Steiner-MPI-Async";

d) Resultados com uso de paralelismo: estatística comparada entre as implementações "PSO-Steiner-MPI-Sync" e "PSO-Steiner-MPI-Async-2";

Os resultados estão apresentados a seguir.

5.3 Resultados: conjunto de 1.000 pontos – Tempo de execução

5.3.1 Resultados sem uso de paralelismo

Os resultados com o conjunto de 1.000 pontos em relação ao tempo de execução estão resumidos na Tabela 1. Estão apresentados os tempos mínimo e médio em segundos e a variância do tempo para a solução proposta, PSO-Steiner, e para o programa usado como base de comparação, AGMHeur4, para cada arquivo de instância utilizado, considerando as 10 execuções a que estes foram submetidos.

Tabela 1 - Resultados para o conjunto de 1.000 pontos em relação ao tempo de execução

Arquivo de Instância	PSO-Steiner			AGMHeur4		
	Tempo mínimo (s)	Tempo médio (s)	Variância do tempo	Tempo mínimo (s)	Tempo médio (s)	Variância do tempo
n1000d3_1	202,52	219,47	98,86	363,80	370,62	44,36
n1000d3_2	216,67	227,31	71,28	382,43	389,82	39,88
n1000d3_3	219,96	227,62	24,31	365,36	378,05	46,97
n1000d3_4	208,91	225,80	69,49	388,12	398,38	35,85
n1000d3_5	219,29	228,55	26,85	365,58	371,34	22,36
n1000d3_6	211,54	221,67	34,52	390,08	395,22	13,70
n1000d3_7	201,30	211,58	26,90	371,16	383,56	31,23
n1000d3_8	210,77	220,78	35,45	378,31	387,87	56,70
n1000d3_9	216,88	229,48	53,11	379,76	389,01	52,61
n1000d3_10	216,49	222,53	8,25	370,11	379,13	37,97

Fonte: autor

A Figura 19 exibe os resultados dos tempos médios de execução das versões PSO-Steiner e AGMHeur4 para as instâncias de 1.000 pontos obrigatórios dados.

Figura 19 - PSO-Steiner versus AGMHeur4 - 1.000 pontos

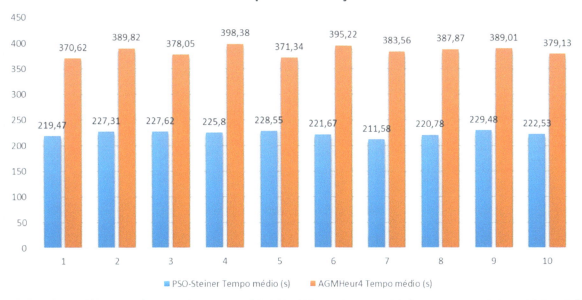

Fonte: autor

Os resultados da aplicação do teste F de Fischer nos dados obtidos pela execução dos programas nos arquivos de instância de 1.000 pontos estão descritos na Tabela 2. Estão relacionados o grau de liberdade (gl), o valor $F_{crítico}$ que é função do valor de gl no teste F, o valor de F calculado a partir das variâncias dos tempos obtidos para cada instância, e a conclusão da aplicação do teste, dado um nível de significância de 5%. Observa-se que as variâncias são equivalentes para os resultados dos nove primeiros arquivos de instância e diferente apenas para o último arquivo. De acordo com o resultado da aplicação do teste F, foi escolhido o teste T apropriado para cada caso.

Tabela 2 - Resultados do teste F para as instâncias de 1.000 pontos quanto ao Tempo

Teste-F: duas amostras para variâncias				
Arquivo de Instância	gl	$F_{crítico}$ uni-caudal	F (calculado)	Conclusão
n1000d3_1	9	3,17889310	2,22861821	F < $F_{crítico}$ => variâncias equivalentes
n1000d3_2	9	3,17889310	1,78733593	F < $F_{crítico}$ => variâncias equivalentes
n1000d3_3	9	3,17889310	1,93361820	F < $F_{crítico}$ => variâncias equivalentes
n1000d3_4	9	3,17889310	1,93836461	F < $F_{crítico}$ => variâncias equivalentes
n1000d3_5	9	3,17889310	1,20064946	F < $F_{crítico}$ => variâncias equivalentes
n1000d3_6	9	3,17889310	2,51975519	F < $F_{crítico}$ => variâncias equivalentes
n1000d3_7	9	3,17889310	1,16108821	F < $F_{crítico}$ => variâncias equivalentes
n1000d3_8	9	3,17889310	1,59960927	F < $F_{crítico}$ => variâncias equivalentes

Teste-F: duas amostras para variâncias				
Arquivo de Instância	gl	$F_{crítico}$ uni-caudal	F (calculado)	Conclusão
n1000d3_9	9	3,17889310	1,00956350	$F < F_{crítico}$ => variâncias equivalentes
n1000d3_10	9	3,17889310	4,60101512	$F > F_{crítico}$ => variâncias diferentes

Fonte: autor

Os resultados da aplicação do teste T de Student nos dados obtidos pela execução dos programas nos arquivos de instância de 1.000 pontos estão descritos na Tabela 3. Estão relacionados o tipo de teste aplicado, se com variâncias equivalentes ou diferentes, o grau de liberdade (gl), o valor $T_{crítico}$ bicaudal, que é função do valor de gl no teste T, o valor de T calculado (Stat t) a partir dos valores dos tempos obtidos para cada instância, e a conclusão da aplicação do teste, dado um nível de significância de 5%. Observa-se que os valores dos cálculos estatísticos são, em módulo, muito diferentes dos valores de $T_{crítico}$ bicaudal. Desta forma, pode-se concluir pela rejeição da hipótese nula em todos os casos.

Tabela 3 - Resultados do teste T para as instâncias de 1.000 pontos quanto ao Tempo

Teste-t: duas amostras					
Arquivo de Instância	Variâncias	gl	$t_{crítico}$ bicaudal	Stat t	Conclusão
n1000d3_1	equivalentes	18	2,10092204	-39,93994851	|Stat t| > $t_{crítico}$ => rejeita H_0
n1000d3_2	equivalentes	18	2,10092204	-48,74346366	|Stat t| > $t_{crítico}$ => rejeita H_0
n1000d3_3	equivalentes	18	2,10092204	-56,33333528	|Stat t| > $t_{crítico}$ => rejeita H_0
n1000d3_4	equivalentes	18	2,10092204	-53,17318260	|Stat t| > $t_{crítico}$ => rejeita H_0
n1000d3_5	equivalentes	18	2,10092204	-64,36826847	|Stat t| > $t_{crítico}$ => rejeita H_0
n1000d3_6	equivalentes	18	2,10092204	-79,03215373	|Stat t| > $t_{crítico}$ => rejeita H_0
n1000d3_7	equivalentes	18	2,10092204	-71,33251858	|Stat t| > $t_{crítico}$ => rejeita H_0
n1000d3_8	equivalentes	18	2,10092204	-55,04116660	|Stat t| > $t_{crítico}$ => rejeita H_0
n1000d3_9	equivalentes	18	2,10092204	-49,06602672	|Stat t| > $t_{crítico}$ => rejeita H_0
n1000d3_10	diferentes	13	2,16036866	-72,84079802	|Stat t| > $t_{crítico}$ => rejeita H_0

Fonte: autor

A Tabela 4 demonstra a melhoria do fator tempo médio entre a aplicação do software "PSO-Steiner" e a solução baseada no algoritmo de Smith com *Path-relinking* "AGMHeur4". Observa-se que há uma redução considerável de tempo, entre 38,5% a 44,8%, para os casos estudados.

Tabela 4 - Melhoria do tempo de execução para as instâncias de 1.000 pontos

Melhoria	
Arquivo de Instância	Δ_{tempo}
n1000d3_1	-40,8%
n1000d3_2	-41,7%
n1000d3_3	-39,8%
n1000d3_4	-43,3%
n1000d3_5	-38,5%
n1000d3_6	-43,9%
n1000d3_7	-44,8%
n1000d3_8	-43,1%
n1000d3_9	-41,0%
n1000d3_10	-41,3%

Fonte: autor

Outro resultado importante do experimento com conjuntos de 1.000 pontos é o esforço computacional empreendido que é uma função do tempo. Para a obtenção dos resultados do software "PSO-Steiner" foram necessárias 6,2 horas de processamento em batch, e para a solução baseada no algoritmo de Smith com *Path-relinking* "AGMHeur4" foram necessárias 10,6 horas. A Tabela 5 apresenta estes resultados com maior detalhe.

Tabela 5 - Tempo total de execução do experimento para 1.000 pontos

Algoritmo	Tempo Total (em segundos)	Tempo Total (em horas, minutos e segundos)
PSO-Steiner	22347,89	6h 12m 27s
AGMHeur4	38429,98	10h 40m 29s

Fonte: autor

5.3.2 Resultados com uso de paralelismo

5.3.2.1 Comparação entre a versão sem paralelismo e a versão síncrona com paralelismo

Os resultados com uso de paralelismo para o conjunto de 1.000 pontos em relação ao tempo de execução estão resumidos na Tabela 6. Estão apresentados os tempos mínimo e médio em segundos e a variância do tempo para a solução sem paralelismo, PSO-Steiner, e para a solução com paralelismo na versão síncrona, PSO-Steiner-MPI-Sync, para cada arquivo de instância utilizado, considerando as 10 execuções a que estes foram submetidos.

Tabela 6 - Comparação dos tempos entre as versões com e sem paralelismo

Arquivo de Instância	PSO-Steiner			PSO-Steiner-MPI-Sync		
	Tempo mínimo	Tempo médio	Variância do tempo	Tempo mínimo	Tempo médio	Variância do tempo
n1000d3_1	144,609118	150,331997	14,218795	44,580406	46,141652	2,052809
n1000d3_2	147,822896	153,375329	25,459577	45,135857	46,353650	0,723334
n1000d3_3	145,608266	148,658220	3,764000	43,183922	44,348110	1,146548
n1000d3_4	147,754661	153,366148	15,652622	42,508749	44,515014	1,302299
n1000d3_5	144,226507	149,882551	24,107750	42,752710	44,425161	1,272291
n1000d3_6	147,492162	151,684110	19,958591	41,589403	44,125225	1,690556
n1000d3_7	147,976364	151,561017	11,283429	43,100093	44,502335	0,999916
n1000d3_8	148,117727	154,634579	14,769563	44,630944	45,929338	1,150864
n1000d3_9	148,668913	152,761380	6,277428	43,492918	45,507356	1,761094
n1000d3_10	151,415860	154,850009	10,384848	45,391237	46,448172	1,132408

Fonte: autor

A Figura 20 exibe os resultados dos tempos médios de execução das versões PSO-Steiner e PSO-Steiner-MPI-Sync para as instâncias de 1.000 pontos obrigatórios dados.

Figura 20 - PSO-Steiner versus PSO-Steiner-MPI-Sync

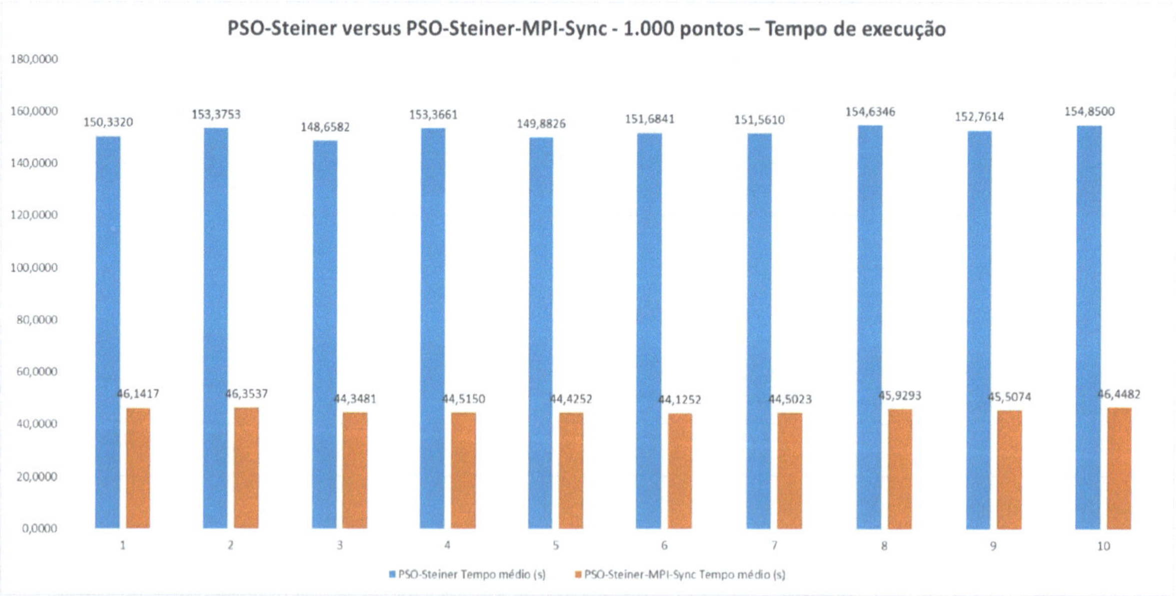

Fonte: autor

Da mesma forma que nos testes sem paralelismo, os dados foram submetidos ao teste F de Fischer cujos resultados descritos na Tabela 7. Estão relacionados o grau de liberdade (gl), o valor $F_{crítico}$ que é função do valor de gl no teste F, o valor de F calculado a partir das variâncias dos tempos obtidos para cada instância, e a conclusão da aplicação do teste, dado um nível de significância de 5%. Observa-se que as variâncias são diferentes para todos os dez arquivos de instância. Com base no resultado da aplicação do teste F, foi escolhido o teste T apropriado para cada caso.

Tabela 7 - Resultados do teste F para as instâncias de 1.000 pontos quanto ao Tempo comparando a versão sem paralelismo com a versão síncrona com paralelismo.

Teste-F: duas amostras para variâncias				
Arquivo de Instância	gl	F crítico uni-caudal	F (calculado)	Conclusão
n1000d3_1	9	3,178893	6,926508	$F > F_{crítico}$ => variâncias diferentes
n1000d3_2	9	3,178893	35,197541	$F > F_{crítico}$ => variâncias diferentes
n1000d3_3	9	3,178893	3,282898	$F > F_{crítico}$ => variâncias diferentes
n1000d3_4	9	3,178893	12,019222	$F > F_{crítico}$ => variâncias diferentes
n1000d3_5	9	3,178893	18,948297	$F > F_{crítico}$ => variâncias diferentes
n1000d3_6	9	3,178893	11,805936	$F > F_{crítico}$ => variâncias diferentes
n1000d3_7	9	3,178893	11,284375	$F > F_{crítico}$ => variâncias diferentes
n1000d3_8	9	3,178893	12,833453	$F > F_{crítico}$ => variâncias diferentes
n1000d3_9	9	3,178893	3,564506	$F > F_{crítico}$ => variâncias diferentes
n1000d3_10	9	3,178893	9,170586	$F > F_{crítico}$ => variâncias diferentes

Fonte: autor

Os resultados da aplicação do teste T de Student nos dados obtidos pela execução dos programas PSO-Steiner e PSO-Steiner-MPI-Sync nos arquivos de instância de 1.000 pontos estão descritos na Tabela 8. Estão relacionados o tipo de teste aplicado, se com variâncias equivalentes ou diferentes, o grau de liberdade (gl), o valor $T_{crítico}$ bicaudal, que é função do valor de gl no teste T, o valor de T calculado (Stat t) a partir dos valores dos tempos obtidos para cada instância, e a conclusão da aplicação do teste, dado um nível de significância de 5%. Observa-se que os valores dos cálculos estatísticos são, em módulo, muito diferentes dos valores de $T_{crítico}$ bicaudal. Desta forma, pode-se concluir pela rejeição da hipótese nula em todos os casos.

Tabela 8 - Resultados do teste T para as instâncias de 1.000 pontos quanto ao Tempo comparando a versão sem paralelismo com a versão síncrona com paralelismo.

Teste-t: duas amostras					
Arquivo de Instância	Variâncias	gl	$t_{crítico}$ bicaudal	Stat t	Conclusão
n1000d3_1	diferentes	12	2,17881283	81,67935414	|Stat t| > $t_{crítico}$ => rejeita H_0
n1000d3_2	diferentes	10	2,22813885	66,13978717	|Stat t| > $t_{crítico}$ => rejeita H_0
n1000d3_3	diferentes	14	2,14478669	148,85431955	|Stat t| > $t_{crítico}$ => rejeita H_0
n1000d3_4	diferentes	10	2,22813885	83,59591916	|Stat t| > $t_{crítico}$ => rejeita H_0

Teste-t: duas amostras					
Arquivo de Instância	Variâncias	gl	$t_{crítico}$ bicaudal	Stat t	Conclusão
n1000d3_5	diferentes	10	2,22813885	66,19586454	|Stat t| > $t_{crítico}$ => rejeita H_0
n1000d3_6	diferentes	11	2,20098516	73,10143581	|Stat t| > $t_{crítico}$ => rejeita H_0
n1000d3_7	diferentes	11	2,20098516	96,59698473	|Stat t| > $t_{crítico}$ => rejeita H_0
n1000d3_8	diferentes	10	2,22813885	86,15354011	|Stat t| > $t_{crítico}$ => rejeita H_0
n1000d3_9	diferentes	14	2,14478669	119,62598072	|Stat t| > $t_{crítico}$ => rejeita H_0
n1000d3_10	diferentes	11	2,20098516	101,00947675	|Stat t| > $t_{crítico}$ => rejeita H_0

Fonte: autor

A Tabela 9 demonstra a melhoria do fator tempo médio entre a aplicação do software sem paralelismo "PSO-Steiner" e a versão síncrona com paralelismo "PSO-Steiner-MPI-Sync". Observa-se que há uma redução de tempo, entre 69,3% a 71,0%, para os casos estudados, um pouco acima do esperado, em torno de 66,7%, tendo em vista que são 3 processos trabalhadores com o mestre atuando apenas como despachante das melhores partículas. Em relação ao tempo total de execução, houve uma redução de 15.211 segundos, equivalentes a 4h13m31s, para 4.523 segundos, equivalentes a 1h15m23s, resultando em uma redução total de 70,3%.

Tabela 9 - Melhoria do tempo de execução para as instâncias de 1.000 pontos comparando a versão sem paralelismo com a versão síncrona com paralelismo

Melhoria	
Arquivo de Instância	Δ_{tempo}
n1000d3_1	-69,3%
n1000d3_2	-69,8%
n1000d3_3	-70,2%
n1000d3_4	-71,0%
n1000d3_5	-70,4%
n1000d3_6	-70,9%
n1000d3_7	-70,6%
n1000d3_8	-70,3%
n1000d3_9	-70,2%
n1000d3_10	-70,0%

Fonte: autor

5.3.2.2 Comparação entre as versões síncrona e assíncrona com paralelismo

Os resultados com uso de paralelismo para o conjunto de 1.000 pontos em relação ao tempo de execução, exibindo a comparação entre as versões síncrona e assíncrona, estão resumidos na Tabela 10.

Tabela 10 - Comparação dos tempos entre as versões síncrona e assíncrona com paralelismo

Arquivo de Instância	PSO-Steiner-MPI-Sync			PSO-Steiner-MPI-Async		
	Tempo mínimo	Tempo médio	Variância do tempo	Tempo mínimo	Tempo médio	Variância do tempo
n1000d3_1	44,580406	46,141652	2,052809	43,971369	46,472476	1,969299
n1000d3_2	45,135857	46,353650	0,723334	44,682333	46,466676	1,141125
n1000d3_3	43,183922	44,348110	1,146548	43,847134	46,699135	1,992509
n1000d3_4	42,508749	44,515014	1,302299	43,962961	47,067903	2,491356
n1000d3_5	42,752710	44,425161	1,272291	44,271265	47,447371	3,296032
n1000d3_6	41,589403	44,125225	1,690556	43,738709	46,448116	5,055886
n1000d3_7	43,100093	44,502335	0,999916	44,593355	46,940764	2,898986
n1000d3_8	44,630944	45,929338	1,150864	44,868037	48,375703	4,939194
n1000d3_9	43,492918	45,507356	1,761094	43,711823	48,712336	19,578337
n1000d3_10	45,391237	46,448172	1,132408	47,731930	49,652647	2,074067

Fonte: autor

Da mesma forma que nos testes sem paralelismo, os dados foram submetidos ao teste F de Fischer cujos resultados descritos na Tabela 11.

Tabela 11 - Resultados do teste F para as instâncias de 1.000 pontos quanto ao Tempo comparando versões síncrona e assíncrona com paralelismo.

Teste-F: duas amostras para variâncias				
Arquivo de Instância	gl	F crítico uni-caudal	F (calculado)	Conclusão
n1000d3_1	9	3,178893	1,042406	$F < F_{critico}$ => variâncias equivalentes
n1000d3_2	9	3,178893	1,577590	$F < F_{critico}$ => variâncias equivalentes
n1000d3_3	9	3,178893	1,737833	$F < F_{critico}$ => variâncias equivalentes
n1000d3_4	9	3,178893	1,913045	$F < F_{critico}$ => variâncias equivalentes
n1000d3_5	9	3,178893	2,590627	$F < F_{critico}$ => variâncias equivalentes
n1000d3_6	9	3,178893	2,990665	$F < F_{critico}$ => variâncias equivalentes
n1000d3_7	9	3,178893	2,899230	$F < F_{critico}$ => variâncias equivalentes
n1000d3_8	9	3,178893	4,291726	$F > F_{critico}$ => variâncias diferentes
n1000d3_9	9	3,178893	11,117148	$F > F_{critico}$ => variâncias diferentes
n1000d3_10	9	3,178893	1,831554	$F < F_{critico}$ => variâncias equivalentes

Fonte: autor

Os resultados da aplicação do teste T de Student nos dados obtidos pela execução dos programas PSO-Steiner-MPI-Sync e PSO-Steiner-MPI-Async nos arquivos de instância de 1.000 pontos estão descritos na Tabela 12. Não houve uma rejeição clara da hipótese nula, visto que as estatísticas não indicam esta rejeição em 3 das 10 amostras. Desta forma, pode-se concluir pela não rejeição da hipótese nula.

Tabela 12 - Resultados do teste T para as instâncias de 1.000 pontos quanto ao Tempo comparando as versões síncrona e assíncrona com paralelismo.

Teste-t: duas amostras					
Arquivo de Instância	Variâncias	gl	$t_{crítico}$ bicaudal	Stat t	Conclusão
n1000d3_1	equivalentes	18	2,10092204	-0,52163923	|Stat t| < $t_{crítico}$ => não rejeita H_0
n1000d3_2	equivalentes	18	2,10092204	-0,26176051	|Stat t| < $t_{crítico}$ => não rejeita H_0
n1000d3_3	equivalentes	18	2,10092204	-4,19621478	|Stat t| > $t_{crítico}$ => rejeita H_0
n1000d3_4	equivalentes	18	2,10092204	-4,14479525	|Stat t| > $t_{crítico}$ => rejeita H_0
n1000d3_5	equivalentes	18	2,10092204	-4,47142873	|Stat t| > $t_{crítico}$ => rejeita H_0
n1000d3_6	equivalentes	18	2,10092204	-2,82807900	|Stat t| > $t_{crítico}$ => rejeita H_0
n1000d3_7	equivalentes	18	2,10092204	-3,90516080	|Stat t| > $t_{crítico}$ => rejeita H_0
n1000d3_8	diferentes	13	2,16036866	-3,13480552	|Stat t| > $t_{crítico}$ => rejeita H_0
n1000d3_9	diferentes	11	2,20098516	-2,19398658	|Stat t| < $t_{crítico}$ => não rejeita H_0
n1000d3_10	equivalentes	18	2,10092204	-5,65904243	|Stat t| > $t_{crítico}$ => rejeita H_0

Fonte: autor

5.3.2.3 Comparação entre a versão síncrona e a variante da versão assíncrona com paralelismo

Os resultados com uso de paralelismo para o conjunto de 1.000 pontos em relação ao tempo de execução, exibindo a comparação entre a versão síncrona e a variante da versão assíncrona, estão resumidos na Tabela 13.

Tabela 13 - Comparação dos tempos entre as versões síncrona e variante da assíncrona com paralelismo

Arquivo de Instância	PSO-Steiner-MPI-Sync			PSO-Steiner-MPI-Async-2		
	Tempo mínimo	Tempo médio	Variância do tempo	Tempo mínimo	Tempo médio	Variância do tempo
n1000d3_1	44,580406	46,141652	2,052809	23,892417	25,551020	1,704307
n1000d3_2	45,135857	46,353650	0,723334	23,902618	25,635971	1,255393
n1000d3_3	43,183922	44,348110	1,146548	23,633702	25,912195	2,596067
n1000d3_4	42,508749	44,515014	1,302299	24,262289	26,484608	2,075561
n1000d3_5	42,752710	44,425161	1,272291	24,433705	25,458780	0,701863
n1000d3_6	41,589403	44,125225	1,690556	23,958532	26,399530	3,673629

Arquivo de Instância	PSO-Steiner-MPI-Sync			PSO-Steiner-MPI-Async-2		
	Tempo mínimo	Tempo médio	Variância do tempo	Tempo mínimo	Tempo médio	Variância do tempo
n1000d3_7	43,100093	44,502335	0,999916	23,659394	25,677700	3,308152
n1000d3_8	44,630944	45,929338	1,150864	24,258109	25,408269	0,320175
n1000d3_9	43,492918	45,507356	1,761094	23,780744	25,544827	1,242131
n1000d3_10	45,391237	46,448172	1,132408	24,292105	25,623527	0,626097

Fonte: autor

A Figura 21 exibe os resultados dos tempos médios de execução das versões PSO-Steiner-MPI-Sync e PSO-Steiner-MPI-Async-2 para as instâncias de 1.000 pontos obrigatórios dados.

Figura 21 - PSO-Steiner-MPI-Sync versus PSO-Steiner-MPI-Async-2 - 1.000 pontos – Tempo de execução

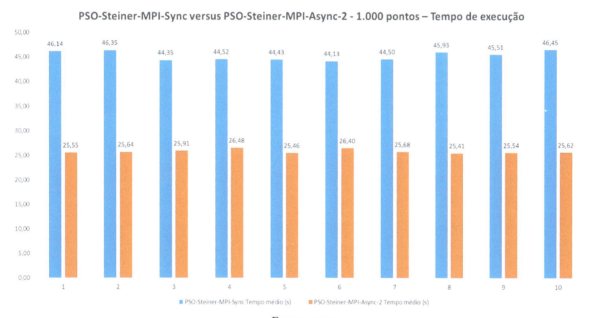

Fonte: autor

A Tabela 14 exibe os resultados obtidos da aplicação do teste F de Fischer nos dados da Tabela 13.

Tabela 14 - Resultados do teste F para as instâncias de 1.000 pontos quanto ao Tempo comparando versões síncrona e variante da assíncrona com paralelismo.

Teste-F: duas amostras para variâncias				
Arquivo de Instância	gl	F crítico uni-caudal	F (calculado)	Conclusão
n1000d3_1	9	3,178893	1,204483	$F < F_{crítico}$ => variâncias equivalentes
n1000d3_2	9	3,178893	1,735565	$F < F_{crítico}$ => variâncias equivalentes
n1000d3_3	9	3,178893	2,264246	$F < F_{crítico}$ => variâncias equivalentes
n1000d3_4	9	3,178893	1,593767	$F < F_{crítico}$ => variâncias equivalentes

Teste-F: duas amostras para variâncias				
Arquivo de Instância	gl	F crítico uni-caudal	F (calculado)	Conclusão
n1000d3_5	9	3,178893	1,812733	$F < F_{crítico}$ => variâncias equivalentes
n1000d3_6	9	3,178893	2,173030	$F < F_{crítico}$ => variâncias equivalentes
n1000d3_7	9	3,178893	3,308430	$F > F_{crítico}$ => variâncias diferentes
n1000d3_8	9	3,178893	3,594488	$F > F_{crítico}$ => variâncias diferentes
n1000d3_9	9	3,178893	1,417800	$F < F_{crítico}$ => variâncias equivalentes
n1000d3_10	9	3,178893	1,808678	$F < F_{crítico}$ => variâncias equivalentes

Fonte: autor

Os resultados da aplicação do teste T de Student nos dados obtidos pela execução dos programas PSO-Steiner-MPI-Sync e PSO-Steiner-MPI-Async-2 nos arquivos de instância de 1.000 pontos estão descritos na Tabela 15. Houve uma rejeição clara da hipótese nula, visto que as estatísticas indicam esta rejeição em todas as 10 amostras.

Tabela 15 - Resultados do teste T para as instâncias de 1.000 pontos quanto ao Tempo comparando as versões síncrona e variante da assíncrona com paralelismo.

Teste-t: duas amostras					
Arquivo de Instância	Variâncias	gl	$t_{crítico}$ bicaudal	Stat t	Conclusão
n1000d3_1	equivalentes	18	2,10092204	33,59250499	$\|Stat\ t\| > t_{crítico}$ => rejeita H_0
n1000d3_2	equivalentes	18	2,10092204	46,57449144	$\|Stat\ t\| > t_{crítico}$ => rejeita H_0
n1000d3_3	equivalentes	18	2,10092204	30,13541138	$\|Stat\ t\| > t_{crítico}$ => rejeita H_0
n1000d3_4	equivalentes	18	2,10092204	31,02306382	$\|Stat\ t\| > t_{crítico}$ => rejeita H_0
n1000d3_5	equivalentes	18	2,10092204	42,68683007	$\|Stat\ t\| > t_{crítico}$ => rejeita H_0
n1000d3_6	equivalentes	18	2,10092204	24,20200928	$\|Stat\ t\| > t_{crítico}$ => rejeita H_0
n1000d3_7	diferentes	14	2,14478669	28,68040371	$\|Stat\ t\| > t_{crítico}$ => rejeita H_0
n1000d3_8	diferentes	14	2,14478669	53,50420270	$\|Stat\ t\| > t_{crítico}$ => rejeita H_0
n1000d3_9	equivalentes	18	2,10092204	36,42685347	$\|Stat\ t\| > t_{crítico}$ => rejeita H_0
n1000d3_10	equivalentes	18	2,10092204	49,65988971	$\|Stat\ t\| > t_{crítico}$ => rejeita H_0

Fonte: autor

A Tabela 16 demonstra a melhoria do fator tempo médio entre a versão síncrona do software com paralelismo "PSO-Steiner-MPI-Sync" e a variante da versão assíncrona com paralelismo "PSO-Steiner-MPI-Aync-2". Observa-se que há uma redução de tempo, entre 40,2% a 44,8%, para os casos estudados. Em relação ao tempo total de execução, houve uma redução de 4.523 segundos, equivalentes a 1h15m23s, para 2.577 segundos, equivalentes a 42m57s, resultando em uma redução total de 43,0%.

Tabela 16 - Melhoria do tempo de execução para as instâncias de 1.000 pontos comparando as versões síncrona e variante da assíncrona com paralelismo.

Melhoria	
Arquivo de Instância	Δ_{tempo}
n1000d3_1	-44,6%
n1000d3_2	-44,7%
n1000d3_3	-41,6%
n1000d3_4	-40,5%
n1000d3_5	-42,7%
n1000d3_6	-40,2%
n1000d3_7	-42,3%
n1000d3_8	-44,7%
n1000d3_9	-43,9%
n1000d3_10	-44,8%

Fonte: autor

5.4 Resultados: conjunto de 1.000 pontos – Função de Custo

5.4.1 Resultados sem uso de paralelismo

Os resultados com o conjunto de 1.000 pontos em relação à função de custo, ou seja, à distância total, estão resumidos na Tabela 17. Estão apresentados os custos mínimo e médio e a variância do custo para a solução proposta, PSO-Steiner, e para o programa usado como base de comparação, AGMHeur4, para cada arquivo de instância utilizado, considerando as 10 execuções a que estes foram submetidos.

Tabela 17 - Resultados para o conjunto de 1000 pontos em relação ao custo (distância total)

Arquivo de Instância	PSO-Steiner			AGMHeur4		
	Custo Mínimo	Custo Médio	Variância do Custo	Custo Mínimo	Custo Médio	Variância do Custo
n1000d3_1	62,75991827	62,81081039	0,00156024	63,70247397	63,72895594	0,00023433
n1000d3_2	63,39745355	63,45729407	0,00096560	64,34710289	64,37089273	0,00040745
n1000d3_3	64,10521591	64,43377040	0,08843000	64,89523340	64,90741701	0,00006334
n1000d3_4	63,17399299	63,26676353	0,00249932	64,14352458	64,17112760	0,00030396
n1000d3_5	64,54891746	64,62330286	0,00204507	65,41006522	65,44849391	0,00081664
n1000d3_6	62,99250836	63,39153905	0,11814488	63,91869900	63,93393563	0,00023920
n1000d3_7	64,10517428	64,34315653	0,09888383	64,94276882	64,97169702	0,00034071

Arquivo de Instância	PSO-Steiner			AGMHeur4		
	Custo Mínimo	Custo Médio	Variância do Custo	Custo Mínimo	Custo Médio	Variância do Custo
n1000d3_8	63,65386457	63,70848738	0,00093724	64,72095710	64,75390215	0,00025641
n1000d3_9	64,26225437	64,69954557	0,05611839	64,92120548	64,98010787	0,00118519
n1000d3_10	63,95060018	64,37474939	0,09563274	64,98274288	65,02075162	0,00054603

Fonte: autor

A Figura 22 exibe os resultados dos custos médios das versões PSO-Steiner e AGMHeur4 para as instâncias de 1.000 pontos obrigatórios dados.

Figura 22 - PSO-Steiner versus AGMHeur4 - 1.000 pontos - Função de custo (distância total)

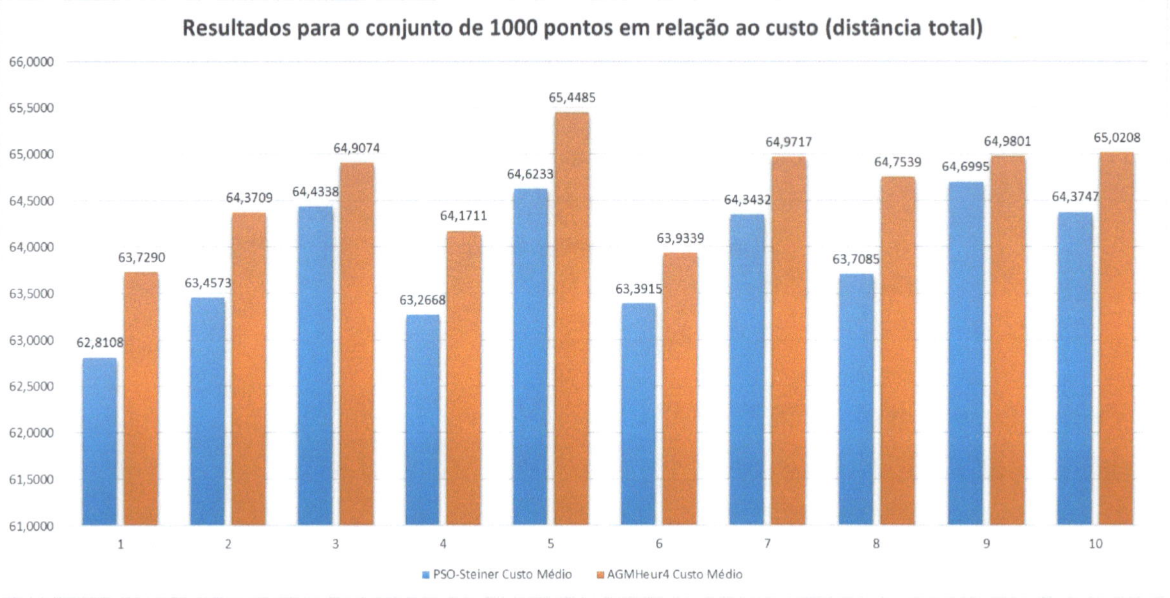

Fonte: autor

Os resultados da aplicação do teste F de Fischer nos dados obtidos pela execução dos programas nos arquivos de instância de 1.000 pontos estão descritos na Tabela 18. Estão relacionados o grau de liberdade (gl), o valor $F_{crítico}$ que é função do valor de gl no teste F, o valor de F calculado a partir das variâncias dos custos obtidos para cada instância, e a conclusão da aplicação do teste, dado um nível de significância de 5%. Observa-se que as variâncias são equivalentes para dois resultados dos dez arquivos de instância. De acordo com o resultado da aplicação do teste F, foi escolhido o teste T apropriado para cada caso.

Tabela 18 - Resultados do teste F para as instâncias de 1.000 pontos quanto ao custo (distância total)

Teste-F: duas amostras para variâncias				
Arquivo de Instância	gl	F crítico uni-caudal	F (calculado)	Conclusão
n1000d3_1	9	3,17889310	6,65818970	$F > F_{crítico}$ => variâncias diferentes

Teste-F: duas amostras para variâncias				
Arquivo de Instância	gl	F crítico uni-caudal	F (calculado)	Conclusão
n1000d3_2	9	3,17889310	2,36988670	$F < F_{critico}$ => variâncias equivalentes
n1000d3_3	9	3,17889310	1396,05155395	$F > F_{critico}$ => variâncias diferentes
n1000d3_4	9	3,17889310	8,22250486	$F > F_{critico}$ => variâncias diferentes
n1000d3_5	9	3,17889310	2,50423394	$F < F_{critico}$ => variâncias equivalentes
n1000d3_6	9	3,17889310	493,91156577	$F > F_{critico}$ => variâncias diferentes
n1000d3_7	9	3,17889310	290,22934473	$F > F_{critico}$ => variâncias diferentes
n1000d3_8	9	3,17889310	3,65529676	$F > F_{critico}$ => variâncias diferentes
n1000d3_9	9	3,17889310	47,34981016	$F > F_{critico}$ => variâncias diferentes
n1000d3_10	9	3,17889310	175,14110512	$F > F_{critico}$ => variâncias diferentes

Fonte: autor

Os resultados da aplicação do teste T de Student nos dados obtidos pela execução dos programas nos arquivos de instância de 1.000 pontos estão descritos na Tabela 19. Estão relacionados o tipo de teste aplicado, se com variâncias equivalentes ou diferentes, o grau de liberdade (gl), o valor $T_{critico}$ bicaudal, que é função do valor de gl no teste T, o valor de T calculado (Stat t) a partir dos valores dos custos obtidos para cada instância, e a conclusão da aplicação do teste, dado um nível de significância de 5%. Observa-se que os valores dos cálculos estatísticos são, em módulo, muito diferentes dos valores de $T_{critico}$ bicaudal. Desta forma, pode-se concluir pela rejeição da hipótese nula em todos os casos.

Tabela 19 - Resultados do teste T para as instâncias de 1.000 pontos quanto ao custo (distância total)

Teste-t: duas amostras					
Arquivo de Instância	Variâncias	gl	$t_{critico}$ bicaudal	Stat t	Conclusão
n1000d3_1	diferentes	12	2,17881283	-68,53789530	$|Stat\ t| > t_{critico}$ => rejeita H_0
n1000d3_2	equivalentes	18	2,10092204	-77,96731926	$|Stat\ t| > t_{critico}$ => rejeita H_0
n1000d3_3	diferentes	9	2,26215716	-5,03499611	$|Stat\ t| > t_{critico}$ => rejeita H_0
n1000d3_4	diferentes	11	2,20098516	-54,01440831	$|Stat\ t| > t_{critico}$ => rejeita H_0
n1000d3_5	equivalentes	18	2,10092204	-48,77997702	$|Stat\ t| > t_{critico}$ => rejeita H_0
n1000d3_6	diferentes	9	2,26215716	-4,98505880	$|Stat\ t| > t_{critico}$ => rejeita H_0
n1000d3_7	diferentes	9	2,26215716	-6,30991796	$|Stat\ t| > t_{critico}$ => rejeita H_0
n1000d3_8	diferentes	14	2,14478669	-95,68656194	$|Stat\ t| > t_{critico}$ => rejeita H_0
n1000d3_9	diferentes	9	2,26215716	-3,70628193	$|Stat\ t| > t_{critico}$ => rejeita H_0
n1000d3_10	diferentes	9	2,26215716	-6,58710218	$|Stat\ t| > t_{critico}$ => rejeita H_0

Fonte: autor

A Tabela 20 demonstra a melhoria do fator custo médio entre a aplicação do software "PSO-Steiner" e a solução baseada no algoritmo de Smith com *Path-relinking* "AGMHeur4". Observa-se que há uma redução do custo médio, entre 0,34% a 1,56%, para os casos estudados.

Tabela 20 - Melhoria do custo (distância total) para as instâncias de 1.000 pontos

Melhoria	
Arquivo de Instância	Δ_{custo}
n1000d3_1	-1,40%
n1000d3_2	-1,38%
n1000d3_3	-0,71%
n1000d3_4	-1,37%
n1000d3_5	-1,20%
n1000d3_6	-0,82%
n1000d3_7	-0,92%
n1000d3_8	-1,56%
n1000d3_9	-0,34%
n1000d3_10	-0,94%

Fonte: autor

5.4.2 Resultados com uso de paralelismo

5.4.2.1 Comparação entre a versão sem paralelismo e a versão síncrona com paralelismo

Os resultados com uso de paralelismo para o conjunto de 1.000 pontos em relação à função de custo estão resumidos na Tabela 21. Estão apresentados os custos mínimo e médio e a variância do custo para a solução sem paralelismo, PSO-Steiner, e para a solução com paralelismo na versão síncrona, PSO-Steiner-MPI-Sync, para cada arquivo de instância utilizado, considerando as 10 execuções a que estes foram submetidos.

Tabela 21 - Comparação dos custos entre as versões com e sem paralelismo

Arquivo de Instância	PSO-Steiner			PSO-Steiner-MPI-Sync		
	Custo Mínimo	Custo Médio	Variância do Custo	Custo Mínimo	Custo Médio	Variância do Custo
n1000d3_1	62,806734578	62,899361698	0,002263243	62,864057021	62,934015665	0,005280715
n1000d3_2	63,535039586	63,618777433	0,003242467	63,608118820	63,660812187	0,002281164
n1000d3_3	64,173842904	64,259750888	0,002167930	64,163160578	64,255252198	0,004972016
n1000d3_4	63,350133725	63,441464920	0,004900819	63,362706583	63,467866713	0,005833201
n1000d3_5	64,634224583	64,745198103	0,006073004	64,703966227	64,760671698	0,002267986

Arquivo de Instância	PSO-Steiner			PSO-Steiner-MPI-Sync		
	Custo Mínimo	Custo Médio	Variância do Custo	Custo Mínimo	Custo Médio	Variância do Custo
n1000d3_6	63,111286690	63,249162215	0,032232693	63,119493657	63,202374132	0,002083500
n1000d3_7	64,142750127	64,252583048	0,004348766	64,165527011	64,260393477	0,001785045
n1000d3_8	63,721869041	63,836476880	0,008910723	63,784484707	63,880575818	0,003139287
n1000d3_9	64,143231244	64,345724512	0,085980524	64,135810103	64,230626358	0,005085689
n1000d3_10	64,100485069	64,213259940	0,024186198	64,128796706	64,183541558	0,001224772

Fonte: autor

Da mesma forma que nos testes sem paralelismo, os dados foram submetidos ao teste F de Fischer cujos resultados descritos na Tabela 22. Observa-se que as variâncias são diferentes para alguns dos dez arquivos de instância. Com base no resultado da aplicação do teste F, foi escolhido o teste T apropriado para cada caso.

Tabela 22 - Resultados do teste F para as instâncias de 1.000 pontos quanto ao Custo comparando a versão sem paralelismo com a versão síncrona com paralelismo.

Teste-F: duas amostras para variâncias				
Arquivo de Instância	gl	F crítico uni-caudal	F (calculado)	Conclusão
n1000d3_1	9	3,178893	2,33325144	$F < F_{crítico}$ => variâncias equivalentes
n1000d3_2	9	3,178893	1,42140878	$F < F_{crítico}$ => variâncias equivalentes
n1000d3_3	9	3,178893	2,29343886	$F < F_{crítico}$ => variâncias equivalentes
n1000d3_4	9	3,178893	1,19025023	$F < F_{crítico}$ => variâncias equivalentes
n1000d3_5	9	3,178893	2,67770823	$F < F_{crítico}$ => variâncias equivalentes
n1000d3_6	9	3,178893	15,47045117	$F > F_{crítico}$ => variâncias diferentes
n1000d3_7	9	3,178893	2,43622176	$F < F_{crítico}$ => variâncias equivalentes
n1000d3_8	9	3,178893	2,83845442	$F < F_{crítico}$ => variâncias equivalentes
n1000d3_9	9	3,178893	16,90636552	$F > F_{crítico}$ => variâncias diferentes
n1000d3_10	9	3,178893	19,74750875	$F > F_{crítico}$ => variâncias diferentes

Fonte: autor

Os resultados da aplicação do teste T de Student nos dados de custo obtidos pela execução dos programas PSO-Steiner e PSO-Steiner-MPI-Sync nos arquivos de instância de 1.000 pontos estão descritos na Tabela 23. Observa-se que os valores dos cálculos estatísticos são, em módulo, menores que os valores de $T_{crítico}$ bicaudal. Desta forma, pode-se concluir pela não rejeição da hipótese nula em todos os casos.

Tabela 23 - Resultados do teste T para as instâncias de 1.000 pontos quanto ao Custo comparando a versão sem paralelismo com a versão síncrona com paralelismo.

Teste-t: duas amostras					
Arquivo de Instância	Variâncias	gl	$t_{crítico}$ bicaudal	Stat t	Conclusão
n1000d3_1	equivalentes	18	2,10092204	-1,26169188	|Stat t| < $t_{crítico}$ => não rejeita H_0
n1000d3_2	equivalentes	18	2,10092204	-1,78852982	|Stat t| < $t_{crítico}$ => não rejeita H_0
n1000d3_3	equivalentes	18	2,10092204	0,16835988	|Stat t| < $t_{crítico}$ => não rejeita H_0
n1000d3_4	equivalentes	18	2,10092204	-0,80584633	|Stat t| < $t_{crítico}$ => não rejeita H_0
n1000d3_5	equivalentes	18	2,10092204	-0,53577502	|Stat t| < $t_{crítico}$ => não rejeita H_0
n1000d3_6	diferentes	10	2,22813885	0,79870371	|Stat t| < $t_{crítico}$ => não rejeita H_0
n1000d3_7	equivalentes	18	2,10092204	-0,31536222	|Stat t| < $t_{crítico}$ => não rejeita H_0
n1000d3_8	equivalentes	18	2,10092204	-1,27038227	|Stat t| < $t_{crítico}$ => não rejeita H_0
n1000d3_9	diferentes	10	2,22813885	1,20611777	|Stat t| < $t_{crítico}$ => não rejeita H_0
n1000d3_10	diferentes	10	2,22813885	0,58954171	|Stat t| < $t_{crítico}$ => não rejeita H_0

Fonte: autor

5.4.2.2 Comparação entre as versões síncrona e assíncrona com paralelismo

Os resultados com uso de paralelismo para o conjunto de 1.000 pontos em relação à função de custo, exibindo a comparação entre as versões síncrona e assíncrona, estão resumidos na Tabela 24.

Tabela 24 - Comparação dos custos entre as versões síncrona e assíncrona com paralelismo

Arquivo de Instância	PSO-Steiner-MPI-Sync			PSO-Steiner-MPI-Async		
	Custo Mínimo	Custo Médio	Variância do Custo	Custo Mínimo	Custo Médio	Variância do Custo
n1000d3_1	62,864057021	62,934015665	0,005280715	62,862979755	63,024906013	0,029077854
n1000d3_2	63,608118820	63,660812187	0,002281164	63,551451321	63,657100409	0,006685318
n1000d3_3	64,163160578	64,255252198	0,004972016	64,159747748	64,251566777	0,005493482
n1000d3_4	63,362706583	63,467866713	0,005833201	63,378255685	63,445550852	0,002584403
n1000d3_5	64,703966227	64,760671698	0,002267986	64,657889270	64,775046112	0,003487394
n1000d3_6	63,119493657	63,202374132	0,002083500	63,206177921	63,284274028	0,002932003
n1000d3_7	64,165527011	64,260393477	0,001785045	64,206913101	64,309465516	0,005378351
n1000d3_8	63,784484707	63,880575818	0,003139287	63,762095796	63,869385325	0,004992027
n1000d3_9	64,135810103	64,230626358	0,005085689	64,123640442	64,193005752	0,002586041
n1000d3_10	64,128796706	64,183541558	0,001224772	64,120290244	64,272150170	0,067836312

Fonte: autor

Da mesma forma que nos testes sem paralelismo, os dados foram submetidos ao teste F de Fischer cujos resultados descritos na Tabela 25.

Tabela 25 - Resultados do teste F para as instâncias de 1.000 pontos quanto ao Custo comparando versões síncrona e assíncrona com paralelismo.

Teste-F: duas amostras para variâncias				
Arquivo de Instância	gl	F crítico uni-caudal	F (calculado)	Conclusão
n1000d3_1	9	3,178893	5,50642326	F > $F_{crítico}$ => variâncias diferentes
n1000d3_2	9	3,178893	2,93066080	F < $F_{crítico}$ => variâncias equivalentes
n1000d3_3	9	3,178893	1,10488027	F < $F_{crítico}$ => variâncias equivalentes
n1000d3_4	9	3,178893	2,25707851	F < $F_{crítico}$ => variâncias equivalentes
n1000d3_5	9	3,178893	1,53766153	F < $F_{crítico}$ => variâncias equivalentes
n1000d3_6	9	3,178893	1,40724840	F < $F_{crítico}$ => variâncias equivalentes
n1000d3_7	9	3,178893	3,01300574	F < $F_{crítico}$ => variâncias equivalentes
n1000d3_8	9	3,178893	1,59017845	F < $F_{crítico}$ => variâncias equivalentes
n1000d3_9	9	3,178893	1,96659295	F < $F_{crítico}$ => variâncias equivalentes
n1000d3_10	9	3,178893	55,38688446	F > $F_{crítico}$ => variâncias diferentes

Fonte: autor

Os resultados da aplicação do teste T de Student nos dados obtidos pela execução dos programas PSO-Steiner-MPI-Sync e PSO-Steiner-MPI-Async nos arquivos de instância de 1.000 pontos estão descritos na Tabela 26. Não houve uma rejeição clara da hipótese nula, visto que as estatísticas indicam esta rejeição em apenas uma das 10 amostras. Desta forma, pode-se concluir pela não rejeição da hipótese nula.

Tabela 26 - Resultados do teste T para as instâncias de 1.000 pontos quanto ao Custo comparando as versões síncrona e assíncrona com paralelismo.

Teste-t: duas amostras					
Arquivo de Instância	Variâncias	gl	$t_{crítico}$ bicaudal	Stat t	Conclusão
n1000d3_1	diferentes	12	2,17881283	-1,55060160	|Stat t| < $t_{crítico}$ => não rejeita H_0
n1000d3_2	equivalentes	18	2,10092204	0,12395696	|Stat t| < $t_{crítico}$ => não rejeita H_0
n1000d3_3	equivalentes	18	2,10092204	0,11392187	|Stat t| < $t_{crítico}$ => não rejeita H_0
n1000d3_4	equivalentes	18	2,10092204	0,76916482	|Stat t| < $t_{crítico}$ => não rejeita H_0
n1000d3_5	equivalentes	18	2,10092204	-0,59917428	|Stat t| < $t_{crítico}$ => não rejeita H_0
n1000d3_6	equivalentes	18	2,10092204	-3,65700954	|Stat t| > $t_{crítico}$ => rejeita H_0
n1000d3_7	equivalentes	18	2,10092204	-1,83347337	|Stat t| < $t_{crítico}$ => não rejeita H_0
n1000d3_8	equivalentes	18	2,10092204	0,39243604	|Stat t| < $t_{crítico}$ => não rejeita H_0
n1000d3_9	equivalentes	18	2,10092204	1,35824816	|Stat t| < $t_{crítico}$ => não rejeita H_0
n1000d3_10	diferentes	9	2,26215716	-1,06625048	|Stat t| < $t_{crítico}$ => não rejeita H_0

Fonte: autor

5.4.2.3 Comparação entre a versão síncrona e a variante da versão assíncrona com paralelismo

Os resultados com uso de paralelismo para o conjunto de 1.000 pontos em relação à função de custo, exibindo a comparação entre a versão síncrona e a variante da versão assíncrona, estão resumidos na Tabela 27.

Tabela 27 - Comparação dos custos entre as versões síncrona e variante da assíncrona com paralelismo

Arquivo de Instância	PSO-Steiner-MPI-Sync			PSO-Steiner-MPI-Async-2		
	Custo Mínimo	Custo Médio	Variância do Custo	Custo Mínimo	Custo Médio	Variância do Custo
n1000d3_1	62,864057021	62,934015665	0,005280715	62,826374580	62,891527016	0,001097457
n1000d3_2	63,608118820	63,660812187	0,002281164	63,606054463	63,694462633	0,003007961
n1000d3_3	64,163160578	64,255252198	0,004972016	64,111165040	64,184122325	0,005073891
n1000d3_4	63,362706583	63,467866713	0,005833201	63,317384153	63,412111613	0,002134661
n1000d3_5	64,703966227	64,760671698	0,002267986	64,635250243	64,746571329	0,004393383
n1000d3_6	63,119493657	63,202374132	0,002083500	63,155033188	63,270579848	0,020576114
n1000d3_7	64,165527011	64,260393477	0,001785045	64,138644485	64,220002424	0,001414610
n1000d3_8	63,784484707	63,880575818	0,003139287	63,707258267	63,828883468	0,002632641
n1000d3_9	64,135810103	64,230626358	0,005085689	64,124748101	64,206634880	0,004646374
n1000d3_10	64,128796706	64,183541558	0,001224772	64,101839689	64,273588490	0,059111452

Fonte: autor

A Tabela 28 exibe os resultados obtidos da aplicação do teste F de Fischer nos dados da Tabela 27.

Tabela 28 - Resultados do teste F para as instâncias de 1.000 pontos quanto ao Custo comparando versões síncrona e variante da assíncrona com paralelismo.

Teste-F: duas amostras para variâncias				
Arquivo de Instância	gl	F crítico uni-caudal	F (calculado)	Conclusão
n1000d3_1	9	3,178893	4,81177470	$F > F_{crítico}$ => variâncias diferentes
n1000d3_2	9	3,178893	1,31860787	$F < F_{crítico}$ => variâncias equivalentes
n1000d3_3	9	3,178893	1,02048971	$F < F_{crítico}$ => variâncias equivalentes
n1000d3_4	9	3,178893	2,73261283	$F < F_{crítico}$ => variâncias equivalentes
n1000d3_5	9	3,178893	1,93713002	$F < F_{crítico}$ => variâncias equivalentes
n1000d3_6	9	3,178893	9,87574244	$F > F_{crítico}$ => variâncias diferentes
n1000d3_7	9	3,178893	1,26186345	$F < F_{crítico}$ => variâncias equivalentes
n1000d3_8	9	3,178893	1,19244794	$F < F_{crítico}$ => variâncias equivalentes
n1000d3_9	9	3,178893	1,09455007	$F < F_{crítico}$ => variâncias equivalentes

Teste-F: duas amostras para variâncias				
Arquivo de Instância	gl	F crítico uni-caudal	F (calculado)	Conclusão
n1000d3_10	9	3,178893	48,26322475	F > $F_{crítico}$ => variâncias diferentes

Os resultados da aplicação do teste T de Student nos dados obtidos pela execução dos programas PSO-Steiner-MPI-Sync e PSO-Steiner-MPI-Async-2 nos arquivos de instância de 1.000 pontos estão descritos na Tabela 29. Não houve uma rejeição clara da hipótese nula, visto que as estatísticas indicam esta rejeição em apenas 3 das 10 amostras. Desta forma, pode-se concluir pela não rejeição da hipótese nula.

Tabela 29 - Resultados do teste T para as instâncias de 1.000 pontos quanto ao Custo comparando as versões síncrona e variante da assíncrona com paralelismo.

Teste-t: duas amostras					
Arquivo de Instância	Variâncias	gl	$t_{crítico}$ bicaudal	Stat t	Conclusão
n1000d3_1	diferentes	13	2,16036866	1,68238273	|Stat t| < $t_{crítico}$ => não rejeita H_0
n1000d3_2	equivalentes	18	2,10092204	-1,46318385	|Stat t| < $t_{crítico}$ => não rejeita H_0
n1000d3_3	equivalentes	18	2,10092204	2,24417881	|Stat t| > $t_{crítico}$ => rejeita H_0
n1000d3_4	equivalentes	18	2,10092204	1,97521200	|Stat t| < $t_{crítico}$ => não rejeita H_0
n1000d3_5	equivalentes	18	2,10092204	0,54632206	|Stat t| < $t_{crítico}$ => não rejeita H_0
n1000d3_6	diferentes	11	2,20098516	-1,43282949	|Stat t| < $t_{crítico}$ => não rejeita H_0
n1000d3_7	equivalentes	18	2,10092204	2,25804999	|Stat t| > $t_{crítico}$ => rejeita H_0
n1000d3_8	equivalentes	18	2,10092204	2,15162128	|Stat t| > $t_{crítico}$ => rejeita H_0
n1000d3_9	equivalentes	18	2,10092204	0,76904990	|Stat t| < $t_{crítico}$ => não rejeita H_0
n1000d3_10	diferentes	9	2,26215716	-1,15925735	|Stat t| < $t_{crítico}$ => não rejeita H_0

5.5 Resultados: conjunto de 10.000 pontos – Tempo de execução

5.5.1 Resultados sem uso de paralelismo

Os resultados com o conjunto de 10.000 pontos em relação ao tempo de execução estão resumidos na Tabela 30. Estão apresentados os tempos mínimo e médio em segundos e a variância do tempo para a solução proposta, PSO-Steiner, e para o programa usado como base de comparação, AGMHeur4, para cada arquivo de instância utilizado, considerando as 10 execuções a que estes foram submetidos.

Tabela 30 -Resultados para o conjunto de 10.000 pontos em relação ao tempo de execução

Arquivo de Instância	PSO-Steiner			AGMHeur4		
	Tempo mínimo (s)	Tempo médio (s)	Variância do tempo	Tempo mínimo (s)	Tempo médio (s)	Variância do tempo
n10000d3_1	2054,33	2089,34	675,171121	9698,94	9918,90	26286,446672
n10000d3_2	2051,77	2127,27	2089,097507	9618,72	9972,16	21166,868271
n10000d3_3	2165,99	2198,33	559,258040	9831,03	10075,89	34095,953227
n10000d3_4	2084,96	2139,64	829,007245	9690,37	10027,64	31292,621277
n10000d3_5	2132,24	2163,79	1020,904004	9808,87	10105,47	56409,645173
n10000d3_6	2074,28	2098,33	462,226366	9728,90	9929,24	19696,018867
n10000d3_7	2054,26	2096,68	767,547242	10072,61	10256,03	33819,969093
n10000d3_8	2067,69	2126,17	1083,060079	9667,21	9971,25	24313,077579
n10000d3_9	2098,87	2127,71	288,083407	9803,55	9960,34	21297,791449
n10000d3_10	2080,64	2097,97	207,893779	9735,25	9987,87	24609,181351

Fonte: autor

A Figura 23 exibe os resultados dos tempos médios de execução das versões PSO-Steiner e AGMHeur4 para as instâncias de 10.000 pontos obrigatórios dados.

Figura 23 PSO-Steiner versus AGMHeur4 - 10.000 pontos - Tempo de execução

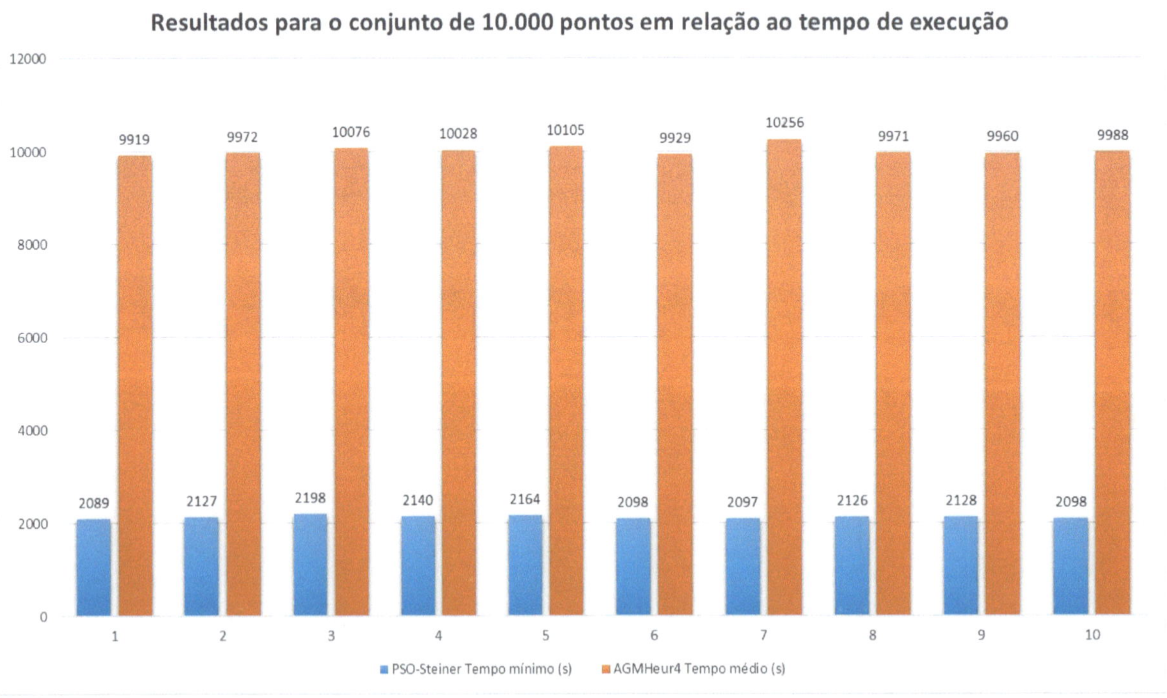

Fonte: autor

Os resultados da aplicação do teste F de Fischer nos dados obtidos pela execução dos programas nos arquivos de instância de 10.000 pontos estão descritos na Tabela 31. Estão relacionados o grau de liberdade (gl), o valor $F_{crítico}$ que é função do valor de gl no teste F, o valor de F calculado a partir das variâncias dos tempos obtidos para cada instância, e a conclusão da aplicação do teste, dado um nível de significância de 5%. Observa-se que as variâncias são diferentes para os resultados dos dez arquivos de instância. De acordo com o resultado da aplicação do teste F, foi escolhido o teste T apropriado para cada caso.

Tabela 31 - Resultados do teste F para as instâncias de 10.000 pontos quanto ao Tempo

Teste-F: duas amostras para variâncias				
Arquivo de Instância	gl	$F_{crítico}$ uni-caudal	F (calculado)	Conclusão
n10000d3_1	9	3,17889310	38,93301393	F > $F_{crítico}$ => variâncias diferentes
n10000d3_2	9	3,17889310	10,13206334	F > $F_{crítico}$ => variâncias diferentes
n10000d3_3	9	3,17889310	60,96640692	F > $F_{crítico}$ => variâncias diferentes
n10000d3_4	9	3,17889310	37,74710230	F > $F_{crítico}$ => variâncias diferentes
n10000d3_5	9	3,17889310	55,25460274	F > $F_{crítico}$ => variâncias diferentes
n10000d3_6	9	3,17889310	42,61119728	F > $F_{crítico}$ => variâncias diferentes
n10000d3_7	9	3,17889310	44,06239416	F > $F_{crítico}$ => variâncias diferentes
n10000d3_8	9	3,17889310	22,44850314	F > $F_{crítico}$ => variâncias diferentes
n10000d3_9	9	3,17889310	73,92925415	F > $F_{crítico}$ => variâncias diferentes
n10000d3_10	9	3,17889310	118,37382301	F > $F_{crítico}$ => variâncias diferentes

Fonte: autor

Os resultados da aplicação do teste T de Student nos dados obtidos pela execução dos programas nos arquivos de instância de 10.000 pontos estão descritos na Tabela 32. Estão relacionados o tipo de teste aplicado, se com variâncias equivalentes ou diferentes, o grau de liberdade (gl), o valor $T_{crítico}$ bicaudal, que é função do valor de gl no teste T, o valor de T calculado (Stat t) a partir dos valores dos tempos obtidos para cada instância, e a conclusão da aplicação do teste, dado um nível de significância de 5%. Observa-se que os valores dos cálculos estatísticos são, em módulo, muito diferentes dos valores de $T_{crítico}$ bicaudal. Desta forma, pode-se concluir pela rejeição da hipótese nula em todos os casos.

Tabela 32 - Resultados do teste T para as instâncias de 10.000 pontos quanto ao Tempo

Teste-t: duas amostras					
Arquivo de Instância	Variâncias	gl	$t_{crítico}$ bicaudal	Stat t	Conclusão
n10000d3_1	diferentes	9	2,26215716	-150,78716473	|Stat t| > $t_{crítico}$ => rejeita H_0
n10000d3_2	diferentes	11	2,20098516	-162,67445318	|Stat t| > $t_{crítico}$ => rejeita H_0
n10000d3_3	diferentes	9	2,26215716	-133,81587286	|Stat t| > $t_{crítico}$ => rejeita H_0
n10000d3_4	diferentes	9	2,26215716	-139,17727304	|Stat t| > $t_{crítico}$ => rejeita H_0

Teste-t: duas amostras					
Arquivo de Instância	Variâncias	gl	$t_{crítico}$ bicaudal	Stat t	Conclusão
n10000d3_5	diferentes	9	2,26215716	-104,79516292	|Stat t| > $t_{crítico}$ => rejeita H_0
n10000d3_6	diferentes	9	2,26215716	-174,41589228	|Stat t| > $t_{crítico}$ => rejeita H_0
n10000d3_7	diferentes	9	2,26215716	-138,73819130	|Stat t| > $t_{crítico}$ => rejeita H_0
n10000d3_8	diferentes	10	2,22813885	-155,67323431	|Stat t| > $t_{crítico}$ => rejeita H_0
n10000d3_9	diferentes	9	2,26215716	-168,58666177	|Stat t| > $t_{crítico}$ => rejeita H_0
n10000d3_10	diferentes	9	2,26215716	-158,37835944	|Stat t| > $t_{crítico}$ => rejeita H_0

Fonte: autor

A Tabela 33 demonstra a melhoria do fator tempo médio entre a aplicação do software "PSO-Steiner" e a solução baseada no algoritmo de Smith com *Path-relinking* "AGMHeur4". Observa-se que há uma redução considerável de tempo, entre 78,2% a 79,6%, para os casos estudados.

Tabela 33 - Melhoria do tempo de execução para as instâncias de 10.000 pontos

Melhoria	
Arquivo de Instância	Δ_{tempo}
n10000d3_1	-78,9%
n10000d3_2	-78,7%
n10000d3_3	-78,2%
n10000d3_4	-78,7%
n10000d3_5	-78,6%
n10000d3_6	-78,9%
n10000d3_7	-79,6%
n10000d3_8	-78,7%
n10000d3_9	-78,6%
n10000d3_10	-79,0%

Fonte: autor

O esforço computacional empreendido é outro resultado importante do experimento com os conjuntos de 10.000 pontos e é, também, uma função do tempo. Para a obtenção dos resultados do software "PSO-Steiner" foram necessários 2 dias e 11 horas de processamento em batch, e para a solução baseada no algoritmo de Smith com *Path-relinking* "AGMHeur4" foram necessários 11 dias e 14 horas.

Tabela 34 - Tempo total de execução do experimento para 10.000 pontos

Algoritmo	Tempo Total (em segundos)	Tempo Total (em dias, horas, minutos e segundos)
PSO-Steiner	212.652,15	2d 11h 4m 12s
AGMHeur4	1.002.047,97	11d 14h 20m 48s

Fonte: autor

5.5.2 Resultados com uso de paralelismo

5.5.2.1 Comparação entre a versão sem paralelismo e a versão síncrona com paralelismo

Os resultados com uso de paralelismo para o conjunto de 10.000 pontos em relação ao tempo de execução estão resumidos na Tabela 35. Estão apresentados os tempos mínimo e médio em segundos e a variância do tempo para a solução sem paralelismo, PSO-Steiner, e para a solução com paralelismo na versão síncrona, PSO-Steiner-MPI-Sync, para cada arquivo de instância utilizado, considerando as 10 execuções a que estes foram submetidos.

Tabela 35 - Comparação dos tempos entre as versões com e sem paralelismo

Arquivo de Instância	PSO-Steiner			PSO-Steiner-MPI-Sync		
	Tempo mínimo	Tempo médio	Variância do tempo	Tempo mínimo	Tempo médio	Variância do tempo
n10000d3_1	2236,720254	2259,356613	240,454915	663,220801	670,834807	31,411931
n10000d3_2	2225,288559	2248,489367	232,890293	661,643928	672,956202	60,056295
n10000d3_3	2254,825838	2276,096252	223,187305	663,814531	677,780994	54,107346
n10000d3_4	2240,443443	2266,629784	412,588555	675,630706	685,352796	52,833217
n10000d3_5	2237,840420	2273,282692	518,888969	667,423333	675,432103	47,250358
n10000d3_6	2209,852770	2249,329007	1154,163523	676,878233	687,095637	25,236775
n10000d3_7	2213,721677	2246,908265	353,677848	659,607532	669,629902	79,617800
n10000d3_8	2298,954352	2335,002930	437,724688	665,984473	670,858601	8,095819
n10000d3_9	2219,809701	2256,660820	1133,064098	658,496695	672,000791	60,948181
n10000d3_10	2211,886542	2240,746862	438,721205	659,625536	669,569166	57,673996

Fonte: autor

A Figura 24 exibe os resultados dos tempos médios de execução das versões PSO-Steiner e PSO-Steiner-MPI-Sync para as instâncias de 10.000 pontos obrigatórios dados.

Figura 24 - PSO-Steiner versus PSO-Steiner-MPI-Sync - 10.000 pontos – Tempo de execução

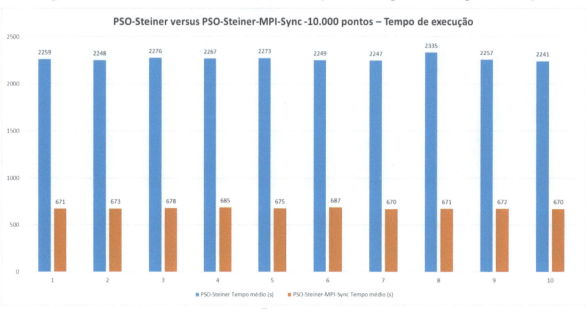

Fonte: autor

Assim como nos testes sem paralelismo, os dados foram submetidos ao teste F de Fischer cujos resultados descritos na Tabela 36. Observa-se que as variâncias são diferentes para todos os dez arquivos de instância. Com base no resultado da aplicação do teste F, foi escolhido o teste T apropriado para cada caso.

Tabela 36 - Resultados do teste F para as instâncias de 10.000 pontos quanto ao Tempo comparando a versão sem paralelismo com a versão síncrona com paralelismo.

Teste-F: duas amostras para variâncias				
Arquivo de Instância	gl	F crítico uni-caudal	F (calculado)	Conclusão
n10000d3_1	9	3,178893	7,654891	F > F$_{crítico}$ => variâncias diferentes
n10000d3_2	9	3,178893	3,877867	F > F$_{crítico}$ => variâncias diferentes
n10000d3_3	9	3,178893	4,124898	F > F$_{crítico}$ => variâncias diferentes
n10000d3_4	9	3,178893	7,809264	F > F$_{crítico}$ => variâncias diferentes
n10000d3_5	9	3,178893	10,981694	F > F$_{crítico}$ => variâncias diferentes
n10000d3_6	9	3,178893	45,733401	F > F$_{crítico}$ => variâncias diferentes
n10000d3_7	9	3,178893	4,442196	F > F$_{crítico}$ => variâncias diferentes
n10000d3_8	9	3,178893	54,067994	F > F$_{crítico}$ => variâncias diferentes
n10000d3_9	9	3,178893	18,590614	F > F$_{crítico}$ => variâncias diferentes
n10000d3_10	9	3,178893	7,606915	F > F$_{crítico}$ => variâncias diferentes

Fonte: autor

Os resultados da aplicação do teste T de Student nos dados obtidos pela execução dos programas PSO-Steiner e PSO-Steiner-MPI-Sync nos arquivos de instância de 10.000 pontos estão descritos na Tabela 37. Observa-se que os valores dos cálculos estatísticos são, em módulo, muito diferentes dos valores de $T_{critico}$ bicaudal. Desta forma, pode-se concluir pela rejeição da hipótese nula em todos os casos.

Tabela 37 - Resultados do teste T para as instâncias de 10.000 pontos quanto ao Tempo comparando a versão sem paralelismo com a versão síncrona com paralelismo.

Teste-t: duas amostras					
Arquivo de Instância	Variâncias	gl	$t_{critico}$ bicaudal	Stat t	Conclusão
n10000d3_1	diferentes	11	2,20098516	304,65973267	|Stat t| > $t_{critico}$ => rejeita H_0
n10000d3_2	diferentes	13	2,16036866	291,09404980	|Stat t| > $t_{critico}$ => rejeita H_0
n10000d3_3	diferentes	13	2,16036866	303,52306508	|Stat t| > $t_{critico}$ => rejeita H_0
n10000d3_4	diferentes	11	2,20098516	231,78461357	|Stat t| > $t_{critico}$ => rejeita H_0
n10000d3_5	diferentes	11	2,20098516	212,36087436	|Stat t| > $t_{critico}$ => rejeita H_0
n10000d3_6	diferentes	9	2,26215716	143,85179769	|Stat t| > $t_{critico}$ => rejeita H_0
n10000d3_7	diferentes	13	2,16036866	239,61620306	|Stat t| > $t_{critico}$ => rejeita H_0
n10000d3_8	diferentes	9	2,26215716	249,23611257	|Stat t| > $t_{critico}$ => rejeita H_0
n10000d3_9	diferentes	10	2,22813885	145,02127105	|Stat t| > $t_{critico}$ => rejeita H_0
n10000d3_10	diferentes	11	2,20098516	223,00341736	|Stat t| > $t_{critico}$ => rejeita H_0

Fonte: autor

A Tabela 38 demonstra a melhoria do fator tempo médio entre a aplicação do software sem paralelismo "PSO-Steiner" e a versão síncrona com paralelismo "PSO-Steiner-MPI-Sync". Observa-se que há uma redução de tempo, entre 69,5% a 71,3%, para os casos estudados, um pouco acima do esperado, em torno de 66,7%, tendo em vista que são 3 processos trabalhadores com o mestre atuando apenas como despachante das melhores partículas. Em relação ao tempo total de execução, houve uma redução de 226.525 segundos, equivalentes a 2d14h55m25s, para 67.515 segundos, equivalentes a 18h45m15s, resultando em uma redução total de 70,2%.

Tabela 38 - Melhoria do tempo de execução para as instâncias de 10.000 pontos comparando a versão sem paralelismo com a versão síncrona com paralelismo

Melhoria	
Arquivo de Instância	Δ_{tempo}
n10000d3_1	-70,3%
n10000d3_2	-70,1%
n10000d3_3	-70,2%
n10000d3_4	-69,8%
n10000d3_5	-70,3%
n10000d3_6	-69,5%
n10000d3_7	-70,2%

Melhoria	
Arquivo de Instância	Δ_{tempo}
n10000d3_8	-71,3%
n10000d3_9	-70,2%
n10000d3_10	-70,1%

Fonte: autor

5.5.2.2 Comparação entre as versões síncrona e assíncrona com paralelismo

Os resultados com uso de paralelismo para o conjunto de 10.000 pontos em relação ao tempo de execução, exibindo a comparação entre as versões síncrona e assíncrona, estão resumidos na Tabela 39.

Tabela 39 - Comparação dos tempos entre as versões síncrona e assíncrona com paralelismo

Arquivo de Instância	PSO-Steiner-MPI-Sync			PSO-Steiner-MPI-Async		
	Tempo mínimo	Tempo médio	Variância do tempo	Tempo mínimo	Tempo médio	Variância do tempo
n10000d3_1	663,220801	670,834807	31,411931	725,395898	734,856592	57,829579
n10000d3_2	661,643928	672,956202	60,056295	723,257479	740,369730	141,473309
n10000d3_3	663,814531	677,780994	54,107346	723,199731	732,197138	53,143725
n10000d3_4	675,630706	685,352796	52,833217	719,708965	740,753929	155,760093
n10000d3_5	667,423333	675,432103	47,250358	738,576961	758,177310	251,273211
n10000d3_6	676,878233	687,095637	25,236775	701,416481	719,841802	118,053363
n10000d3_7	659,607532	669,629902	79,617800	708,459239	722,173304	129,491108
n10000d3_8	665,984473	670,858601	8,095819	699,697468	729,909391	215,707698
n10000d3_9	658,496695	672,000791	60,948181	706,978476	729,529031	104,624136
n10000d3_10	659,625536	669,569166	57,673996	710,162071	735,311336	168,193255

Fonte: autor

A Figura 25 exibe os resultados dos tempos médios de execução das versões PSO-Steiner-MPI-Sync e PSO-Steiner-MPI-Async para as instâncias de 10.000 pontos obrigatórios dados.

Figura 25 - PSO-Steiner-MPI-Sync versus PSO-Steiner-MPI-Async - 10.000 pontos – Tempo de execução

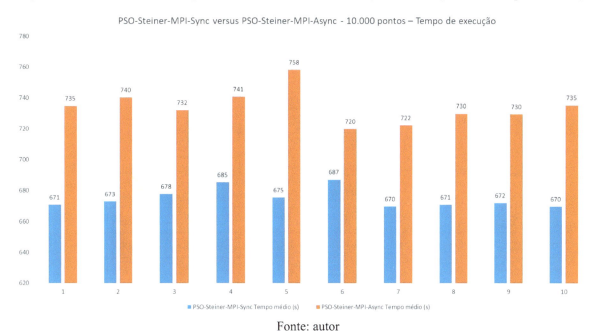

Fonte: autor

Da mesma forma que nos testes sem paralelismo, os dados foram submetidos ao teste F de Fischer cujos resultados descritos na Tabela 40.

Tabela 40 - Resultados do teste F para as instâncias de 10.000 pontos quanto ao Tempo comparando versões síncrona e assíncrona com paralelismo.

Teste-F: duas amostras para variâncias				
Arquivo de Instância	gl	F crítico uni-caudal	F (calculado)	Conclusão
n10000d3_1	9	3,178893	1,841007	$F < F_{crítico}$ => variâncias equivalentes
n10000d3_2	9	3,178893	2,355678	$F < F_{crítico}$ => variâncias equivalentes
n10000d3_3	9	3,178893	1,018132	$F < F_{crítico}$ => variâncias equivalentes
n10000d3_4	9	3,178893	2,948147	$F < F_{crítico}$ => variâncias equivalentes
n10000d3_5	9	3,178893	5,317911	$F > F_{crítico}$ => variâncias diferentes
n10000d3_6	9	3,178893	4,677831	$F > F_{crítico}$ => variâncias diferentes
n10000d3_7	9	3,178893	1,626409	$F < F_{crítico}$ => variâncias equivalentes
n10000d3_8	9	3,178893	26,644334	$F > F_{crítico}$ => variâncias diferentes
n10000d3_9	9	3,178893	1,716608	$F < F_{crítico}$ => variâncias equivalentes
n10000d3_10	9	3,178893	2,916275	$F < F_{crítico}$ => variâncias equivalentes

Fonte: autor

Os resultados da aplicação do teste T de Student nos dados obtidos pela execução dos programas PSO-Steiner-MPI-Sync e PSO-Steiner-MPI-Async nos arquivos de instância de 10.000 pontos estão descritos na Tabela 41. Houve uma rejeição clara da hipótese nula, visto que as estatísticas indicam esta rejeição em todas as 10 amostras.

Tabela 41 - Resultados do teste T para as instâncias de 10.000 pontos quanto ao Tempo comparando as versões síncrona e assíncrona com paralelismo.

Teste-t: duas amostras					
Arquivo de Instância	Variâncias	gl	$t_{crítico}$ bicaudal	Stat t	Conclusão
n10000d3_1	equivalentes	18	2,10092204	-21,43109317	|Stat t| > $t_{crítico}$ => rejeita H_0
n10000d3_2	equivalentes	18	2,10092204	-15,01680816	|Stat t| > $t_{crítico}$ => rejeita H_0
n10000d3_3	equivalentes	18	2,10092204	-16,61601764	|Stat t| > $t_{crítico}$ => rejeita H_0
n10000d3_4	equivalentes	18	2,10092204	-12,13021391	|Stat t| > $t_{crítico}$ => rejeita H_0
n10000d3_5	diferentes	12	2,17881283	-15,14445091	|Stat t| > $t_{crítico}$ => rejeita H_0
n10000d3_6	diferentes	13	2,16036866	-8,65072086	|Stat t| > $t_{crítico}$ => rejeita H_0
n10000d3_7	equivalentes	18	2,10092204	-11,49031457	|Stat t| > $t_{crítico}$ => rejeita H_0
n10000d3_8	diferentes	10	2,22813885	-12,48223229	|Stat t| > $t_{crítico}$ => rejeita H_0
n10000d3_9	equivalentes	18	2,10092204	-14,13797551	|Stat t| > $t_{crítico}$ => rejeita H_0
n10000d3_10	equivalentes	18	2,10092204	-13,83303273	|Stat t| > $t_{crítico}$ => rejeita H_0

Fonte: autor

A Tabela 42 demonstra a variação do fator tempo médio entre a aplicação do software sem paralelismo "PSO-Steiner-MPI-Sync" e a versão síncrona com paralelismo "PSO-Steiner-MPI-Async". Observa-se que há um aumento de tempo, entre 4,8% a 12,3%, para os casos estudados. Desta forma pode-se verificar que a versão assíncrona, para os problemas de 10.000 pontos, tem um desempenho menor que a versão síncrona.

Tabela 42 - Variação do tempo de execução para as instâncias de 10.000 pontos comparando as versões síncrona e assíncrona com paralelismo.

Melhoria	
Arquivo de Instância	Δ_{tempo}
n10000d3_1	9,5%
n10000d3_2	10,0%
n10000d3_3	8,0%
n10000d3_4	8,1%
n10000d3_5	12,3%
n10000d3_6	4,8%
n10000d3_7	7,8%
n10000d3_8	8,8%
n10000d3_9	8,6%
n10000d3_10	9,8%

Fonte: autor

5.5.2.3 Comparação entre a versão síncrona e a variante da versão assíncrona com paralelismo

Os resultados com uso de paralelismo para o conjunto de 10.000 pontos em relação ao tempo de execução, exibindo a comparação entre a versão síncrona e a variante da versão assíncrona, estão resumidos na Tabela 43.

Tabela 43 - Comparação dos tempos entre as versões síncrona e variante da assíncrona com paralelismo

Arquivo de Instância	PSO-Steiner-MPI-Sync			PSO-Steiner-MPI-Async-2		
	Tempo mínimo	Tempo médio	Variância do tempo	Tempo mínimo	Tempo médio	Variância do tempo
n10000d3_1	663,220801	670,834807	31,411931	387,235293	397,136809	35,645076
n10000d3_2	661,643928	672,956202	60,056295	386,361469	399,035132	120,229317
n10000d3_3	663,814531	677,780994	54,107346	383,584231	395,781836	47,640628
n10000d3_4	675,630706	685,352796	52,833217	392,671710	401,796272	52,436427
n10000d3_5	667,423333	675,432103	47,250358	389,663418	410,602024	232,977320
n10000d3_6	676,878233	687,095637	25,236775	379,732424	390,182387	74,434954
n10000d3_7	659,607532	669,629902	79,617800	384,937065	396,440751	212,383584
n10000d3_8	665,984473	670,858601	8,095819	383,599383	396,044139	128,345840
n10000d3_9	658,496695	672,000791	60,948181	388,510679	393,927478	30,930832
n10000d3_10	659,625536	669,569166	57,673996	380,887060	398,356839	76,262738

Fonte: autor

A Figura 26 exibe os resultados dos tempos médios de execução das versões PSO-Steiner-MPI-Sync e PSO-Steiner-MPI-Async-2 para as instâncias de 10.000 pontos obrigatórios dados.

Figura 26 - PSO-Steiner-MPI-Sync versus PSO-Steiner-MPI-Async-2 - 10.000 pontos - Tempos médios

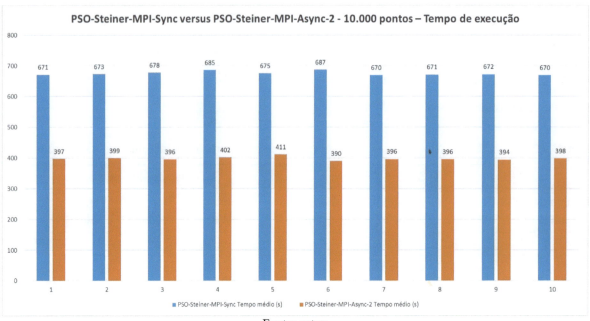

Fonte: autor

A Tabela 44 exibe os resultados obtidos da aplicação do teste F de Fischer nos dados da Tabela 43.

Tabela 44 - Resultados do teste F para as instâncias de 10.000 pontos quanto ao Tempo comparando versões síncrona e variante da assíncrona com paralelismo.

Teste-F: duas amostras para variâncias				
Arquivo de Instância	gl	F crítico uni-caudal	F (calculado)	Conclusão
n10000d3_1	9	3,178893	1,134762	$F < F_{crítico}$ => variâncias equivalentes
n10000d3_2	9	3,178893	2,001944	$F < F_{crítico}$ => variâncias equivalentes
n10000d3_3	9	3,178893	1,135740	$F < F_{crítico}$ => variâncias equivalentes
n10000d3_4	9	3,178893	1,007567	$F < F_{crítico}$ => variâncias equivalentes
n10000d3_5	9	3,178893	4,930700	$F > F_{crítico}$ => variâncias diferentes
n10000d3_6	9	3,178893	2,949464	$F < F_{crítico}$ => variâncias equivalentes
n10000d3_7	9	3,178893	2,667539	$F < F_{crítico}$ => variâncias equivalentes
n10000d3_8	9	3,178893	15,853349	$F > F_{crítico}$ => variâncias diferentes
n10000d3_9	9	3,178893	1,970467	$F < F_{crítico}$ => variâncias equivalentes
n10000d3_10	9	3,178893	1,322307	$F < F_{crítico}$ => variâncias equivalentes

Fonte: autor

Os resultados da aplicação do teste T de Student nos dados obtidos pela execução dos programas PSO-Steiner-MPI-Sync e PSO-Steiner-MPI-Async-2 nos arquivos de instância de 10.000 pontos estão descritos na Tabela 45. Houve uma rejeição clara da hipótese nula, visto que as estatísticas indicam esta rejeição em todas as 10 amostras.

Tabela 45 - Resultados do teste T para as instâncias de 10.000 pontos quanto ao Tempo comparando as versões síncrona e variante da assíncrona com paralelismo.

Teste-t: duas amostras					
Arquivo de Instância	Variâncias	gl	$t_{crítico}$ bicaudal	Stat t	Conclusão
n10000d3_1	equivalentes	18	2,10092204	105,69380675	|Stat t| > $t_{crítico}$ => rejeita H_0
n10000d3_2	equivalentes	18	2,10092204	64,51265347	|Stat t| > $t_{crítico}$ => rejeita H_0
n10000d3_3	equivalentes	18	2,10092204	88,40664840	|Stat t| > $t_{crítico}$ => rejeita H_0
n10000d3_4	equivalentes	18	2,10092204	87,39529770	|Stat t| > $t_{crítico}$ => rejeita H_0
n10000d3_5	diferentes	13	2,16036866	50,02784522	|Stat t| > $t_{crítico}$ => rejeita H_0
n10000d3_6	equivalentes	18	2,10092204	94,04670474	|Stat t| > $t_{crítico}$ => rejeita H_0
n10000d3_7	equivalentes	18	2,10092204	50,55580088	|Stat t| > $t_{crítico}$ => rejeita H_0
n10000d3_8	diferentes	10	2,22813885	74,39882717	|Stat t| > $t_{crítico}$ => rejeita H_0
n10000d3_9	equivalentes	18	2,10092204	91,73839776	|Stat t| > $t_{crítico}$ => rejeita H_0
n10000d3_10	equivalentes	18	2,10092204	74,10705823	|Stat t| > $t_{crítico}$ => rejeita H_0

Fonte: autor

A Tabela 46 demonstra a melhoria do fator tempo médio entre a versão síncrona do software com paralelismo "PSO-Steiner-MPI-Sync" e a variante da versão assíncrona com paralelismo "PSO-Steiner-MPI-Aync-2". Observa-se que há uma redução de tempo, entre 39,2% e 43,2%, para os casos estudados. Em relação ao tempo total de execução, houve uma redução de 67.515 segundos, equivalentes a 18h45m15s, para 39.793 segundos, equivalentes a 11h3m13s, resultando em uma redução total de 41,1%.

Tabela 46 - Melhoria do tempo de execução para as instâncias de 10.000 pontos comparando as versões síncrona e variante da assíncrona com paralelismo.

Melhoria	
Arquivo de Instância	Δ_{tempo}
n10000d3_1	-40,8%
n10000d3_2	-40,7%
n10000d3_3	-41,6%
n10000d3_4	-41,4%
n10000d3_5	-39,2%
n10000d3_6	-43,2%
n10000d3_7	-40,8%
n10000d3_8	-41,0%
n10000d3_9	-41,4%
n10000d3_10	-40,5%

Fonte: autor

5.6 Resultados: conjunto de 10.000 pontos – Função de Custo

5.6.1 Resultados sem uso de paralelismo

Os resultados com o conjunto de 10.000 pontos em relação à função de custo, ou seja, à distância total, estão resumidos na Tabela 47. Estão apresentados os custos mínimo e médio e a variância do custo para a solução proposta, PSO-Steiner, e para o programa usado como base de comparação, AGMHeur4, para cada arquivo de instância utilizado, considerando as 10 execuções a que estes foram submetidos.

Tabela 47 - Resultados para o conjunto de 10.000 pontos em relação ao custo (distância total)

Arquivo de Instância	PSO-Steiner			AGMHeur4		
	Custo Mínimo	Custo Médio	Variância do Custo	Custo Mínimo	Custo Médio	Variância do Custo
n10000d3_1	292,84070191	293,12532162	0,08525536	294,70132374	294,79130533	0,00200150
n10000d3_2	290,97558697	292,23566950	0,38244662	294,48812216	294,52465705	0,00045004
n10000d3_3	292,52202250	292,73470995	0,02534352	294,58851833	294,63480922	0,00074842
n10000d3_4	293,33193355	293,45927974	0,01211065	295,20521412	295,29705475	0,00240728
n10000d3_5	291,16039901	292,61218443	0,30675098	294,66477623	294,73534726	0,00221259
n10000d3_6	291,66963928	292,91768668	0,25488921	294,99359665	295,04205372	0,00106722
n10000d3_7	291,53453663	293,10807646	0,69261821	294,98167372	295,00694033	0,00053482
n10000d3_8	293,12287464	293,27041653	0,04548808	294,92745182	294,99969488	0,00106070
n10000d3_9	291,42739934	292,88204434	0,27306584	294,88585702	294,92124874	0,00029454
n10000d3_10	293,96939339	294,19717103	0,01018411	295,88904426	296,00145513	0,00229230

Fonte: autor

A Figura 27 exibe os resultados dos custos médios das versões PSO-Steiner e AGMHeur4 para as instâncias de 10.000 pontos obrigatórios dados.

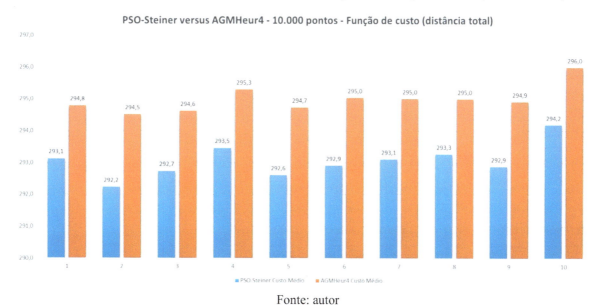

Fonte: autor

Os resultados da aplicação do teste F de Fischer nos dados obtidos pela execução dos programas nos arquivos de instância de 10.000 pontos estão descritos na Tabela 48. Estão relacionados o grau de liberdade (gl), o valor $F_{crítico}$ que é função do valor de gl no teste F, o valor de F calculado a partir das variâncias dos custos obtidos para cada instância, e a conclusão da aplicação do teste, dado um nível de significância de 5%. Observa-se que as variâncias são diferentes para os dez arquivos de instância. De acordo com o resultado da aplicação do teste F, foi escolhido o teste T apropriado para cada caso.

Tabela 48 - Resultados do teste F para as instâncias de 10.000 pontos quanto ao custo (distância total)

Teste-F: duas amostras para variâncias				
Arquivo de Instância	gl	$F_{crítico}$ uni-caudal	F (calculado)	Conclusão
n10000d3_1	9	3,17889310	42,59568273	$F > F_{crítico}$ => variâncias diferentes
n10000d3_2	9	3,17889310	849,80615789	$F > F_{crítico}$ => variâncias diferentes
n10000d3_3	9	3,17889310	33,86282649	$F > F_{crítico}$ => variâncias diferentes
n10000d3_4	9	3,17889310	5,03084583	$F > F_{crítico}$ => variâncias diferentes
n10000d3_5	9	3,17889310	138,63879358	$F > F_{crítico}$ => variâncias diferentes
n10000d3_6	9	3,17889310	238,83559347	$F > F_{crítico}$ => variâncias diferentes
n10000d3_7	9	3,17889310	1295,05207183	$F > F_{crítico}$ => variâncias diferentes
n10000d3_8	9	3,17889310	42,88517968	$F > F_{crítico}$ => variâncias diferentes
n10000d3_9	9	3,17889310	927,09838630	$F > F_{crítico}$ => variâncias diferentes
n10000d3_10	9	3,17889310	4,44274194	$F > F_{crítico}$ => variâncias diferentes

Fonte: autor

Os resultados da aplicação do teste T de Student nos dados obtidos pela execução dos programas nos arquivos de instância de 10.000 pontos estão descritos na Tabela 49. Estão relacionados o tipo de teste aplicado, se com variâncias equivalentes ou diferentes, o grau de liberdade (gl), o valor $T_{crítico}$ bicaudal, que é função do valor de gl no teste T, o valor de T calculado (Stat t) a partir dos valores dos custos obtidos para cada instância, e a conclusão da aplicação do teste, dado um nível de significância de 5%. Observa-se que os valores dos cálculos estatísticos são, em módulo, muito diferentes dos valores de $T_{crítico}$ bicaudal. Desta forma, pode-se concluir pela rejeição da hipótese nula em todos os casos.

Tabela 49 - Resultados do teste T para as instâncias de 10.000 pontos quanto ao custo (distância total)

Teste-t: duas amostras					
Arquivo de Instância	Variâncias	gl	$t_{crítico}$ bicaudal	Stat t	Conclusão
n10000d3_1	diferentes	9	2,26215716	-17,83491166	|Stat t| > $t_{crítico}$ => rejeita H_0
n10000d3_2	diferentes	9	2,26215716	-11,69775829	|Stat t| > $t_{crítico}$ => rejeita H_0
n10000d3_3	diferentes	10	2,22813885	-37,19830389	|Stat t| > $t_{crítico}$ => rejeita H_0
n10000d3_4	diferentes	12	2,17881283	-48,23252467	|Stat t| > $t_{crítico}$ => rejeita H_0
n10000d3_5	diferentes	9	2,26215716	-12,07896339	|Stat t| > $t_{crítico}$ => rejeita H_0
n10000d3_6	diferentes	9	2,26215716	-13,27842414	|Stat t| > $t_{crítico}$ => rejeita H_0
n10000d3_7	diferentes	9	2,26215716	-7,21239109	|Stat t| > $t_{crítico}$ => rejeita H_0
n10000d3_8	diferentes	9	2,26215716	-25,34607963	|Stat t| > $t_{crítico}$ => rejeita H_0
n10000d3_9	diferentes	9	2,26215716	-12,33368861	|Stat t| > $t_{crítico}$ => rejeita H_0
n10000d3_10	diferentes	13	2,16036866	-51,08106681	|Stat t| > $t_{crítico}$ => rejeita H_0

Fonte: autor

A Tabela 50 demonstra a melhoria do fator custo médio entre a aplicação do software "PSO-Steiner" e a solução baseada no algoritmo de Smith com *Path-relinking* "AGMHeur4". Observa-se que há uma redução do custo médio, entre 0,53% a 0,76%, para os casos estudados.

Tabela 50 - Melhoria do custo (distância total) para as instâncias de 10.000 pontos

Melhoria	
Arquivo de Instância	Δ_{custo}
n10000d3_1	-0,53%
n10000d3_2	-0,76%
n10000d3_3	-0,63%
n10000d3_4	-0,59%
n10000d3_5	-0,70%

Melhoria	
Arquivo de Instância	Δ_{custo}
n10000d3_6	-0,70%
n10000d3_7	-0,64%
n10000d3_8	-0,56%
n10000d3_9	-0,68%
n10000d3_10	-0,57%

Fonte: autor

5.6.2 Resultados com uso de paralelismo

5.6.2.1 Comparação entre a versão sem paralelismo e a versão síncrona com paralelismo

Os resultados com uso de paralelismo para o conjunto de 10.000 pontos em relação à função de custo estão resumidos na Tabela 51. Estão apresentados os custos mínimo e médio e a variância do custo para a solução sem paralelismo, PSO-Steiner, e para a solução com paralelismo na versão síncrona, PSO-Steiner-MPI-Sync, para cada arquivo de instância utilizado, considerando as 10 execuções a que estes foram submetidos.

Tabela 51 - Comparação dos custos entre as versões com e sem paralelismo

Arquivo de Instância	PSO-Steiner			PSO-Steiner-MPI-Sync		
	Custo Mínimo	Custo Médio	Variância do Custo	Custo Mínimo	Custo Médio	Variância do Custo
n10000d3_1	292,8367131	293,1325761	0,0586528	292,4346213	292,7447103	0,0444077
n10000d3_2	292,3271509	292,5491898	0,0172999	291,1085999	291,7206282	0,3975035
n10000d3_3	292,6201803	292,7983142	0,0085034	292,1121699	292,4608771	0,0770518
n10000d3_4	293,2655449	293,4878029	0,0215540	292,2136736	292,9214381	0,1480841
n10000d3_5	291,2227319	292,4958687	0,2543428	291,2057803	292,1095524	0,4620875
n10000d3_6	291,4580930	292,7799606	0,5677477	291,6820138	292,5075145	0,2528257
n10000d3_7	292,4676346	293,2477595	0,1291184	291,4705897	292,4248298	0,5253985
n10000d3_8	292,9383311	293,2674047	0,0565564	292,1527521	292,8107756	0,2370406
n10000d3_9	291,3662680	292,7895797	0,5981674	291,4552257	292,3699357	0,6134062
n10000d3_10	294,1686758	294,3231041	0,0317318	293,3663658	293,9668226	0,1408135

Fonte: autor

Assim como nos testes sem paralelismo, os dados foram submetidos ao teste F de Fischer cujos resultados descritos na Tabela 52. Observa-se que as variâncias são diferentes para alguns dos dez arquivos de instância. Com base no resultado da aplicação do teste F, foi escolhido o teste T apropriado para cada caso.

Tabela 52 - Resultados do teste F para as instâncias de 10.000 pontos quanto ao Custo comparando a versão sem paralelismo com a versão síncrona com paralelismo.

Teste-F: duas amostras para variâncias				
Arquivo de Instância	gl	F crítico uni-caudal	F (calculado)	Conclusão
n10000d3_1	9	3,178893	1,32078008	$F < F_{crítico}$ => variâncias equivalentes
n10000d3_2	9	3,178893	22,97727451	$F > F_{crítico}$ => variâncias diferentes
n10000d3_3	9	3,178893	9,06128162	$F > F_{crítico}$ => variâncias diferentes
n10000d3_4	9	3,178893	6,87035883	$F > F_{crítico}$ => variâncias diferentes
n10000d3_5	9	3,178893	1,81678987	$F < F_{crítico}$ => variâncias equivalentes
n10000d3_6	9	3,178893	2,24560894	$F < F_{crítico}$ => variâncias equivalentes
n10000d3_7	9	3,178893	4,06912211	$F > F_{crítico}$ => variâncias diferentes
n10000d3_8	9	3,178893	4,19122618	$F > F_{crítico}$ => variâncias diferentes
n10000d3_9	9	3,178893	1,02547582	$F < F_{crítico}$ => variâncias equivalentes
n10000d3_10	9	3,178893	4,43761970	$F > F_{crítico}$ => variâncias diferentes

Fonte: autor

Os resultados da aplicação do teste T de Student nos dados de custo obtidos pela execução dos programas PSO-Steiner e PSO-Steiner-MPI-Sync nos arquivos de instância de 10.000 pontos estão descritos na Tabela 53. Observa-se que alguns valores dos cálculos estatísticos são, em módulo, menores que os valores de $T_{crítico}$ bicaudal. Desta forma, não se pode rejeitar a hipótese nula.

Tabela 53 - Resultados do teste T para as instâncias de 10.000 pontos quanto ao Custo comparando a versão sem paralelismo com a versão síncrona com paralelismo.

Teste-t: duas amostras					
Arquivo de Instância	Variâncias	gl	$t_{crítico}$ bicaudal	Stat t	Conclusão
n10000d3_1	equivalentes	18	2,10092204	3,82063263	$|Stat\ t| > t_{crítico}$ => rejeita H_0
n10000d3_2	diferentes	10	2,22813885	4,06821308	$|Stat\ t| > t_{crítico}$ => rejeita H_0
n10000d3_3	diferentes	11	2,20098516	3,64812581	$|Stat\ t| > t_{crítico}$ => rejeita H_0
n10000d3_4	diferentes	12	2,17881283	4,34845053	$|Stat\ t| > t_{crítico}$ => rejeita H_0
n10000d3_5	equivalentes	18	2,10092204	1,44329841	$|Stat\ t| < t_{crítico}$ => não rejeita H_0
n10000d3_6	equivalentes	18	2,10092204	0,95109038	$|Stat\ t| < t_{crítico}$ => não rejeita H_0
n10000d3_7	diferentes	13	2,16036866	3,21663868	$|Stat\ t| > t_{crítico}$ => rejeita H_0
n10000d3_8	diferentes	13	2,16036866	2,66494186	$|Stat\ t| > t_{crítico}$ => rejeita H_0
n10000d3_9	equivalentes	18	2,10092204	1,20560791	$|Stat\ t| < t_{crítico}$ => não rejeita H_0
n10000d3_10	diferentes	13	2,16036866	2,71232602	$|Stat\ t| > t_{crítico}$ => rejeita H_0

Fonte: autor

5.6.2.2 Comparação entre as versões síncrona e assíncrona com paralelismo

Os resultados com uso de paralelismo para o conjunto de 10.000 pontos em relação à função de custo, exibindo a comparação entre as versões síncrona e assíncrona, estão resumidos na Tabela 54.

Tabela 54 - Comparação dos custos entre as versões síncrona e assíncrona com paralelismo

Arquivo de Instância	PSO-Steiner-MPI-Sync			PSO-Steiner-MPI-Async		
	Custo Mínimo	Custo Médio	Variância do Custo	Custo Mínimo	Custo Médio	Variância do Custo
n10000d3_1	292,4346213	292,7447103	0,044407702	290,9846808	291,3727697	0,070881118
n10000d3_2	291,1085999	291,7206282	0,397503458	290,6650041	290,8216409	0,005959334
n10000d3_3	292,1121699	292,4608771	0,077051752	290,8636593	291,2290229	0,127379114
n10000d3_4	292,2136736	292,9214381	0,148084055	291,5008661	291,8544618	0,097773404
n10000d3_5	291,2057803	292,1095524	0,462087467	290,7192777	291,0582315	0,175602655
n10000d3_6	291,6820138	292,5075145	0,252825710	291,1139423	291,2665391	0,019096056
n10000d3_7	291,4705897	292,4248298	0,525398532	291,2434940	291,5634741	0,107030508
n10000d3_8	292,1527521	292,8107756	0,237040638	291,3394821	291,6471716	0,056442259
n10000d3_9	291,4552257	292,3699357	0,613406233	290,9772982	291,2810341	0,033722192
n10000d3_10	293,3663658	293,9668226	0,140813484	292,3460433	292,5016670	0,019004933

Fonte: autor

A Figura 28 exibe os resultados dos custos médios das versões PSO-Steiner-MPI-Sync e PSO-Steiner-MPI-Async para as instâncias de 10.000 pontos obrigatórios dados.

Figura 28 - PSO-Steiner-MPI-Sync versus PSO-Steiner-MPI-Async - 10.000 pontos – Função de custo

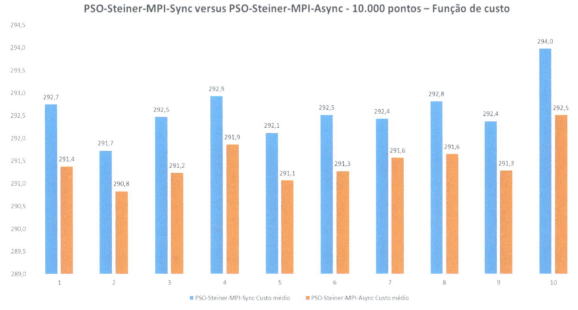

Fonte: autor

Da mesma forma que nos testes sem paralelismo, os dados foram submetidos ao teste F de Fischer cujos resultados descritos na Tabela 55.

Tabela 55 - Resultados do teste F para as instâncias de 10.000 pontos quanto ao Custo comparando versões síncrona e assíncrona com paralelismo.

Teste-F: duas amostras para variâncias				
Arquivo de Instância	gl	F crítico uni-caudal	F (calculado)	Conclusão
n10000d3_1	9	3,178893	1,59614470	$F < F_{crítico}$ => variâncias equivalentes
n10000d3_2	9	3,178893	66,70266305	$F > F_{crítico}$ => variâncias diferentes
n10000d3_3	9	3,178893	1,65316310	$F < F_{crítico}$ => variâncias equivalentes
n10000d3_4	9	3,178893	1,51456376	$F < F_{crítico}$ => variâncias equivalentes
n10000d3_5	9	3,178893	2,63143782	$F < F_{crítico}$ => variâncias equivalentes
n10000d3_6	9	3,178893	13,23968196	$F > F_{crítico}$ => variâncias diferentes
n10000d3_7	9	3,178893	4,90886703	$F > F_{crítico}$ => variâncias diferentes
n10000d3_8	9	3,178893	4,19970149	$F > F_{crítico}$ => variâncias diferentes
n10000d3_9	9	3,178893	18,18998690	$F > F_{crítico}$ => variâncias diferentes
n10000d3_10	9	3,178893	7,40931221	$F > F_{crítico}$ => variâncias diferentes

Fonte: autor

Os resultados da aplicação do teste T de Student nos dados obtidos pela execução dos programas PSO-Steiner-MPI-Sync e PSO-Steiner-MPI-Async nos arquivos de instância de 10.000 pontos estão descritos na Tabela 56. Houve uma rejeição clara da hipótese nula, visto que as estatísticas indicam esta rejeição em todas as 10 amostras. Desta forma, pode-se concluir pela rejeição da hipótese nula.

Tabela 56 - Resultados do teste T para as instâncias de 10.000 pontos quanto ao Custo comparando as versões síncrona e assíncrona com paralelismo.

Teste-t: duas amostras					
Arquivo de Instância	Variâncias	gl	$t_{crítico}$ bicaudal	Stat t	Conclusão
n10000d3_1	equivalentes	18	2,10092204	12,77737741	$|Stat\ t| > t_{crítico}$ => rejeita H_0
n10000d3_2	diferentes	9	2,26215716	4,47560551	$|Stat\ t| > t_{crítico}$ => rejeita H_0
n10000d3_3	equivalentes	18	2,10092204	8,61561091	$|Stat\ t| > t_{crítico}$ => rejeita H_0
n10000d3_4	equivalentes	18	2,10092204	6,80476444	$|Stat\ t| > t_{crítico}$ => rejeita H_0
n10000d3_5	equivalentes	18	2,10092204	4,16323009	$|Stat\ t| > t_{crítico}$ => rejeita H_0
n10000d3_6	diferentes	10	2,22813885	7,52560112	$|Stat\ t| > t_{crítico}$ => rejeita H_0
n10000d3_7	diferentes	13	2,16036866	3,42512638	$|Stat\ t| > t_{crítico}$ => rejeita H_0
n10000d3_8	diferentes	13	2,16036866	6,79225279	$|Stat\ t| > t_{crítico}$ => rejeita H_0
n10000d3_9	diferentes	10	2,22813885	4,28048924	$|Stat\ t| > t_{crítico}$ => rejeita H_0

Teste-t: duas amostras					
Arquivo de Instância	Variâncias	gl	$t_{crítico}$ bicaudal	Stat t	Conclusão
n10000d3_10	diferentes	11	2,20098516	11,58964972	|Stat t| > $t_{crítico}$ => rejeita H_0

Fonte: autor

A Tabela 57 demonstra a melhoria do fator custo médio entre a aplicação dos programas PSO-Steiner-MPI-Sync e PSO-Steiner-MPI-Async nos arquivos de instância de 10.000 pontos. Observa-se que há uma redução do custo médio, entre 0,29% a 0,50%, para os casos estudados.

Tabela 57 - Melhoria do custo (distância total) para as instâncias de 10.000 pontos comparando as versões síncrona e assíncrona com paralelismo.

Melhoria	
Arquivo de Instância	Δ_{custo}
n10000d3_1	-0,47%
n10000d3_2	-0,31%
n10000d3_3	-0,42%
n10000d3_4	-0,36%
n10000d3_5	-0,36%
n10000d3_6	-0,42%
n10000d3_7	-0,29%
n10000d3_8	-0,40%
n10000d3_9	-0,37%
n10000d3_10	-0,50%

Fonte: autor

5.6.2.3 Comparação entre a versão síncrona e a variante da versão assíncrona com paralelismo

Os resultados com uso de paralelismo para o conjunto de 10.000 pontos em relação à função de custo, exibindo a comparação entre a versão síncrona e a variante da versão assíncrona, estão resumidos na Tabela 58.

Tabela 58 - Comparação dos custos entre as versões síncrona e variante da assíncrona com paralelismo

Arquivo de Instância	PSO-Steiner-MPI-Sync			PSO-Steiner-MPI-Async-2		
	Custo Mínimo	Custo Médio	Variância do Custo	Custo Mínimo	Custo Médio	Variância do Custo
n10000d3_1	292,4346213	292,7447103	0,044407702	290,9987189	291,2729097	0,077735723
n10000d3_2	291,1085999	291,7206282	0,397503458	290,5479891	290,7226598	0,012050146
n10000d3_3	292,1121699	292,4608771	0,077051752	290,5798231	290,7279006	0,009940167

Arquivo de Instância	PSO-Steiner-MPI-Sync			PSO-Steiner-MPI-Async-2		
	Custo Mínimo	Custo Médio	Variância do Custo	Custo Mínimo	Custo Médio	Variância do Custo
n10000d3_4	292,2136736	292,9214381	0,148084055	291,4168385	291,5462496	0,009677271
n10000d3_5	291,2057803	292,1095524	0,462087467	290,7256576	290,9497014	0,136845360
n10000d3_6	291,6820138	292,5075145	0,252825710	290,9610782	291,1965246	0,046218888
n10000d3_7	291,4705897	292,4248298	0,525398532	291,1222461	291,2572434	0,011323968
n10000d3_8	292,1527521	292,8107756	0,237040638	291,2363699	291,4034073	0,009835241
n10000d3_9	291,4552257	292,3699357	0,613406233	290,9248350	291,3585284	0,104146801
n10000d3_10	293,3663658	293,9668226	0,140813484	292,1439453	292,3086492	0,021995086

Fonte: autor

A Figura 29 exibe os resultados dos custos médios das versões PSO-Steiner-MPI-Sync e PSO-Steiner-MPI-Async-2 para as instâncias de 10.000 pontos obrigatórios dados.

Figura 29 - PSO-Steiner-MPI-Sync versus PSO-Steiner-MPI-Async-2 - 10.000 pontos – Função de custo

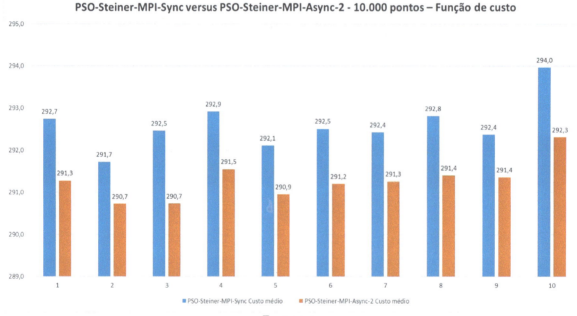

Fonte: autor

A Tabela 59 exibe os resultados obtidos da aplicação do teste F de Fischer nos dados da Tabela 58.

Tabela 59 - Resultados do teste F para as instâncias de 10.000 pontos quanto ao Custo comparando versões síncrona e variante da assíncrona com paralelismo.

Teste-F: duas amostras para variâncias				
Arquivo de Instância	gl	F crítico uni-caudal	F (calculado)	Conclusão
n10000d3_1	9	3,178893	1,75050091	$F < F_{crítico}$ => variâncias equivalentes
n10000d3_2	9	3,178893	32,98743850	$F > F_{crítico}$ => variâncias diferentes

Teste-F: duas amostras para variâncias				
Arquivo de Instância	gl	F crítico uni-caudal	F (calculado)	Conclusão
n10000d3_3	9	3,178893	7,75155547	$F > F_{crítico}$ => variâncias diferentes
n10000d3_4	9	3,178893	15,30225322	$F > F_{crítico}$ => variâncias diferentes
n10000d3_5	9	3,178893	3,37671272	$F > F_{crítico}$ => variâncias diferentes
n10000d3_6	9	3,178893	5,47018156	$F > F_{crítico}$ => variâncias diferentes
n10000d3_7	9	3,178893	46,39703546	$F > F_{crítico}$ => variâncias diferentes
n10000d3_8	9	3,178893	24,10115189	$F > F_{crítico}$ => variâncias diferentes
n10000d3_9	9	3,178893	5,88982309	$F > F_{crítico}$ => variâncias diferentes
n10000d3_10	9	3,178893	6,40204289	$F > F_{crítico}$ => variâncias diferentes

Fonte: autor

Os resultados da aplicação do teste T de Student nos dados obtidos pela execução dos programas PSO-Steiner-MPI-Sync e PSO-Steiner-MPI-Async-2 nos arquivos de instância de 10.000 pontos estão descritos na Tabela 60. Houve uma rejeição clara da hipótese nula, visto que as estatísticas indicam esta rejeição em todas as 10 amostras.

Tabela 60 - Resultados do teste T para as instâncias de 10.000 pontos quanto ao Custo comparando as versões síncrona e variante da assíncrona com paralelismo.

Teste-t: duas amostras					
Arquivo de Instância	Variâncias	gl	$t_{crítico}$ bicaudal	Stat t	Conclusão
n10000d3_1	equivalentes	18	2,10092204	13,31723137	$\|Stat\ t\| > t_{crítico}$ => rejeita H_0
n10000d3_2	diferentes	10	2,22813885	4,93129971	$\|Stat\ t\| > t_{crítico}$ => rejeita H_0
n10000d3_3	diferentes	11	2,20098516	18,58032092	$\|Stat\ t\| > t_{crítico}$ => rejeita H_0
n10000d3_4	diferentes	10	2,22813885	10,94868511	$\|Stat\ t\| > t_{crítico}$ => rejeita H_0
n10000d3_5	diferentes	14	2,14478669	4,73928817	$\|Stat\ t\| > t_{crítico}$ => rejeita H_0
n10000d3_6	diferentes	12	2,17881283	7,58108543	$\|Stat\ t\| > t_{crítico}$ => rejeita H_0
n10000d3_7	diferentes	9	2,26215716	5,03980935	$\|Stat\ t\| > t_{crítico}$ => rejeita H_0
n10000d3_8	diferentes	10	2,22813885	8,95712142	$\|Stat\ t\| > t_{crítico}$ => rejeita H_0
n10000d3_9	diferentes	12	2,17881283	3,77571410	$\|Stat\ t\| > t_{crítico}$ => rejeita H_0
n10000d3_10	diferentes	12	2,17881283	12,99544969	$\|Stat\ t\| > t_{crítico}$ => rejeita H_0

Fonte: autor

A Tabela 61 demonstra a melhoria do fator custo médio entre a aplicação dos programas PSO-Steiner-MPI-Sync e PSO-Steiner-MPI-Async-2 nos arquivos de instância de 10.000 pontos. Observa-se que há uma redução do custo médio, entre 0,34% e 0,59%, para os casos estudados.

Tabela 61 - Melhoria do custo (distância total) para as instâncias de 10.000 pontos comparando as versões síncrona e variante da assíncrona com paralelismo.

Melhoria	
Arquivo de Instância	Δ_{custo}
n10000d3_1	-0,50%
n10000d3_2	-0,34%
n10000d3_3	-0,59%
n10000d3_4	-0,47%
n10000d3_5	-0,40%
n10000d3_6	-0,45%
n10000d3_7	-0,40%
n10000d3_8	-0,48%
n10000d3_9	-0,35%
n10000d3_10	-0,56%

Fonte: autor

6 DISCUSSÃO DOS RESULTADOS EXPERIMENTAIS

Ao se discutir os resultados experimentais há de se considerar alguns critérios que são muito importantes como: a qualidade da solução e o esforço computacional.

6.1 Qualidade da Solução

6.1.1 Qualidade sem uso de paralelismo

Os resultados experimentais foram expostos na seção 5. Como pode ser visto, em todos os casos houve a rejeição da hipótese nula, H_0, no teste T. Esta rejeição leva à conclusão que se pode aceitar a hipótese alternativa em que as médias são diferentes. Logo, conclui-se que os métodos apresentam resultados diversos.

Como, tanto no critério de tempo, como no critério de custo, valores menores significam melhor desempenho, pode-se afirmar que, dadas as condições do experimento, o software "PSO-Steiner" é superior à solução baseada no algoritmo de Smith com *Path-relinking* "AGMHeur4".

Nos critérios de tempo, onde condicionou-se o critério de parada à execução de 1.000 iterações sobre o conjunto de pontos de Steiner, que o PSO-Steiner apresenta tempos médios muito menores que os tempos do AGMHeur4. Para os conjuntos de 1.000, esta redução ficou entre 38,5% a 44,8%, e para os conjuntos de 10.000 pontos ficou entre 78,2% a 79,6%. Estes valores são bastante expressivos.

Nos critérios de custo, ou seja, na distância total, também houve uma redução embora com valores, à primeira vista, menos expressivos. Para os conjuntos de 1.000 pontos, esta redução ficou entre 0,34% a 1,56%, e para os conjuntos de 10.000 pontos ficou entre 0,53% a 0,76%. Há de se observar o seguinte sobre estes valores:

a) Os resultados das estatísticas demonstram que se pode rejeitar a hipótese nula, ou seja, os métodos são distintos e com uma confiança de 95% apresentarão soluções distintas;

b) Os ganhos percentuais na distância total devem ser analisados à luz da proporção de Steiner, como visto na seção 2.10, que apresenta que há uma liberdade de apenas 27,76% entre as condições extremas da distribuição dos pontos obrigatórios. Em condições em que a distribuição destes pontos seja aleatória, este intervalo seria ainda menor e os resultados obtidos mais significativos;

c) Os arquivos de dados para os testes computacionais foram gerados com a condição de estarem confinados em um cubo de dimensões unitárias. Com o aumento da quantidade de pontos de 1.000 para 10.000 os pontos ficaram mais próximos uns dos outros, diminuindo a distância média e os ganhos absolutos pela aplicação dos algoritmos de resolução do PASE.

6.1.2 Qualidade com uso de paralelismo

A análise dos resultados com uso de paralelismo compreende as três comparações de dados que foram realizadas, quais sejam, a comparação entre:
   a) a solução sem de paralelismo e com paralelismo síncrono,
   b) a solução com paralelismo síncrono e assíncrono;
   c) a solução com paralelismo síncrono e a variante da versão assíncrona.

6.1.2.1 Qualidade sem uso de paralelismo e com uso de paralelismo síncrono

Ao se analisar os resultados do experimento sem paralelismo e com uso de paralelismo síncrono, pode-se constatar que:
   a) Redução do tempo em 70,3%, no caso de 1.000 pontos e 70,2%, no caso de 10.000 pontos. Esta redução está além da expectativa inicial, de 66,7%, tendo em vista que a configuração foi de 1 mestre com 3 trabalhadores. Como o processamento das partículas ocorre nos trabalhadores enquanto o mestre somente atua na seleção da melhor partícula e sua distribuição, seria esperado a redução do tempo para um terço. No entanto, o desempenho experimental mostrou-se superior a esta estimativa.
   b) No tocante à função de custo, não é possível rejeitar a hipótese nula, ou seja, os resultados são, estatisticamente, semelhantes, tanto nos arquivos de 1.000, quanto nos arquivos de 10.000 pontos.

Este resultado é promissor, visto que representa um ganho em qualidade em relação ao tempo, sem haver uma perda na função de custo, o que favorece o uso de computação paralela para a solução do PASE.

6.1.2.2 Qualidade com uso de paralelismo síncrono e assíncrono

A comparação entre os resultados do experimento com paralelismo síncrono e assíncrono, mostrou que:

a) No quesito tempo, para o caso de 1.000 pontos, não há uma rejeição clara da hipótese nula, e os resultados não podem ser considerados diferentes. Mas para o caso de 10.000 pontos, há uma clara rejeição da hipótese nula. Contudo, o uso da solução assíncrona aumentou os tempos de execução entre 4,8% a 12,3%, favorecendo, portanto, a qualidade da solução síncrona.

b) A função de custo, para o caso de 1.000 pontos, assim como no quesito tempo, não há uma rejeição clara da hipótese nula, e não podemos considerar os resultados diferentes. No entanto, para o caso dos 10.000 pontos, podemos rejeitar a hipótese nula e se observa uma redução do custo médio entre 0,29% a 0,50%, o que é significativo considerando o que foi exposto no caso sem paralelismo.

Desta forma, enquanto para 1.000 pontos não há uma distinção entre o uso de paralelismo síncrono e assíncrono, o mesmo não ocorre para 10.000 pontos, que apresenta uma pequena, mas ainda relevante, melhora na qualidade da função custo, mas ao preço de uma perda no tempo de execução.

6.1.2.3 Qualidade da versão síncrona e da variante da versão assíncrona com uso de paralelismo

Nos resultados da comparação entre a versão síncrona e a variante da versão assíncrona foi observado o seguinte:

a) O tempo da variante assíncrona, para o caso de 1.000 pontos, apresentou uma rejeição a hipótese nula com uma redução total de 43,0%. Para o caso de 10.000 pontos houve, igualmente, uma rejeição à hipótese nula com uma redução total de 41,1%.

b) Em relação ao custo, não foi possível rejeitar a hipótese nula para o caso de 1.000 pontos, mas no caso de 10.000 pontos é possível rejeitar a hipótese nula e o experimento demonstrou uma redução do custo médio, entre 0,34% e 0,59%.

A qualidade da solução da versão variante assíncrona com uso de paralelismo foi consideravelmente superior à versão síncrona no tempo e ainda apresenta valores menores ou equivalentes na função de custo.

6.2 Esforço computacional

O esforço computacional empreendido está, também, retratado na seção 5. Enquanto os tempos médios e as estatísticas envolvidas com estes resultados tenham sido considerados na seção anterior, os tempos totais também merecem ser examinados.

O tempo total de execução do experimento foi de 1.709.796,17 segundos, equivalentes a 19 dias, 18 horas e 57 minutos. O tempo total de execução do experimento sem paralelismo foi de 1.275.477,99 segundos, equivalentes a 14 dias, 18 horas e 18 minutos. Com uso de paralelismo, considerando as quatro execuções necessárias, visto que houve a necessidade de se executar novamente a versão sem paralelismo além das três versões com paralelismo, o tempo total de execução do experimento foi de 434.318,18 segundos, equivalentes a 5 dias, 0(zero) horas e 39 minutos.

O esforço computacional individual é outro resultado importante do experimento tanto para os conjuntos de 1.000 pontos como para os de 10.000 pontos. Para os conjuntos de 1.000 pontos foram necessárias 6,2 horas de processamento para o software "PSO-Steiner", enquanto foram necessárias 10,6 horas para o algoritmo "AGMHeur4". Para os conjuntos de 10.000, os resultados do software "PSO-Steiner" consumiram 2 dias e 11 horas de processamento, enquanto a solução baseada no algoritmo "AGMHeur4" consumiu 11 dias e 14 horas.

Resultados semelhantes foram obtidos em relação aos tempos individuais das versões com paralelismo. Enquanto o tempo total da versão sem paralelismo consumiu 4,2 horas, para o caso de 1.000 pontos, na melhor versão com paralelismo, a variante assíncrona, foram consumidos apenas 43 minutos, numa redução de 83,1%. No caso de 10.000 pontos foram necessários 2 dias e 15 horas para a versão sem paralelismo no novo ambiente e, apenas 11 horas e 3 minutos para a variante assíncrona, numa redução de 82,4%.

Os resultados obtidos nos casos com paralclismo foram accitos para publicação no evento CCIS 2019 - *Conference of Computational Interdisciplinary Science*, que acontecerá nos dias 19 a 22 de março de 2019 em Atlanta (GA), USA, sob o título de "*A Distributed Implementation of an Improved Particle Swarm Optimization for the Euclidean Steiner Tree Problem in R^N*".

7 CONCLUSÃO E TRABALHOS FUTUROS

O presente trabalho procurou demonstrar a possibilidade da aplicação da Meta-heurística de Otimização por Enxame de Partículas, *Particle Swarm Optimization – PSO*, ao Problema da Árvore de Steiner Euclidiano - PASE, num espaço $\mathbb{R}^n$, na busca de um método de solução do problema que alcance um bom desempenho computacional comparado aos métodos conhecidos.

A Meta-heurística de Otimização por Enxame de Partículas original foi desenvolvida para um problema num espaço contínuo de soluções, um espaço vetorial onde as componentes cognitiva e social das partículas deveriam obedecer às condições de linearidade e, portanto, poderiam ser somadas produzindo um vetor resultante do deslocamento da partícula. Deve-se ressaltar que a partícula, neste caso, trata-se de uma árvore de Steiner qualquer que soluciona o problema de ligar os pontos fornecidos, ainda que não seja a que tenha o menor custo, que é objetivo final da resolução do problema.

Devido à característica híbrida do PASE, que tem uma componente contínua do espaço euclidiano e uma componente combinacional devida à estrutura de árvore do problema, foi necessária uma adaptação da PSO original para um espaço combinacional, expresso pela árvore da topologia. O método proposto utiliza, como base, o algoritmo de Prim para combinar as partículas. Ao fazê-lo, são produzidas várias não conformidades com o modelo da Árvore de Steiner Completa. A aplicação de um conjunto de procedimentos de eliminação e reposicionamento, obtêm-se uma partícula cujo custo seja igual ou menor que o das partículas originais. O processo de combinar a partícula com a sua melhor versão anterior torna-se a componente cognitiva do PSO, enquanto que ao se combinar a partícula com a melhor partícula de todas, até então, torna-se sua componente social.

A partir destes conceitos, um algoritmo foi implementado e usado em um experimento computacional, onde foi utilizado, como base de comparação, a implementação de uma solução baseada na meta-heurística GRASP com *Path-relinking,* a AGMHeur4. Para os testes, foram utilizados dois conjuntos, de 10 problemas cada, um com arquivos de 1.000 pontos obrigatórios e outro com arquivos de 10.000 pontos. O experimento demandou um tempo total de execução de 11 dias e 14 horas. Observe-se que as duas implementações foram monoprocessadas.

Os resultados obtidos foram analisados estatisticamente e apresentaram, em todos os casos, a rejeição da hipótese nula, ou seja, mostrando que há uma distinção entre os dois métodos, e com melhores resultados para o método aqui apresentado. No quesito tempo de execução foi alcançada uma redução maior que 38,5% para os problemas de 1.000 pontos e maior que 78,2% para os de 10.000 pontos. Quanto ao custo mínimo obtido, foram alcançadas reduções entre 0,34% a 1,56% para os problemas de 1.000 pontos e entre 0,53% a 0,76% para os conjuntos de 10.000 pontos. A relevância destes valores é abordada na discussão dos resultados experimentais.

Como uma consequência natural do experimento, foram produzidas versões com uso de paralelismo usando Message-Passing Interface – MPI. O modelo escolhido foi mestre-trabalhador (*master-worker*).

A primeira versão implementada foi a síncrona. Esta apresentou resultados interessantes em relação aos tempos, com uma redução de 70,3%, no caso de 1.000 pontos e 70,2%, no caso de 10.000 pontos. Quanto ao custo, não há variação estatisticamente significativa, melhorando ou enfraquecendo os resultados.

Na busca de enriquecer o experimento e a partir de uma possibilidade de haver uma perda de tempo devido ao uso de funções de comunicação bloqueantes na versão síncrona, elaborou-se uma nova versão, assíncrona, com uso de funções não bloqueantes. Os resultados obtidos desta versão, no caso de 1.000 pontos, não apresentaram melhoria nem no tempo nem no custo. No caso de 10.000 pontos, houve uma redução do custo médio entre 0,29% a 0,50%, mas ao preço de uma perda de desempenho de 4,8% a 12,3%.

O desenvolvimento da versão assíncrona apresentou uma série de dificuldades de implementação para o caso de 10.000 pontos. A mais significativa foi a ocorrência de travamentos (*deadlock*s) devido ao tamanho padrão dos buffers de comunicação do MPI. Esta dificuldade foi contornada com o uso de definição de estruturas de dados personalizadas do MPI, bem como pelo controle do tamanho dos buffers.

Na busca da solução para os problemas de implementação da versão assíncrona, fazendo uso de versões de teste que focassem no processo de comunicação, fez-se uso da desativação de certas partes do algoritmo para que este ficasse mais veloz, mesmo que o resultado do custo fosse pior, já que a questão era eliminar os *deadlocks*. Neste processo, deparou-se com a variante da versão assíncrona, cujo algoritmo mestre é o mesmo da versão original e o algoritmo trabalhador é semelhante, mas com uma única alteração: a supressão da interação cognitiva da partícula com a melhor versão anterior de si mesma.

Esta variante da versão assíncrona apresentou os melhores resultados, com uma redução total do tempo de 43,0% para o caso de 1.000 pontos e de 41,1% para o caso de 10.000 pontos, em comparação com a versão síncrona. Em relação ao custo, não foi possível rejeitar a hipótese nula para o caso de 1.000 pontos, mas no caso de 10.000 pontos é possível rejeitar a hipótese nula e o experimento demonstrou uma redução do custo médio, entre 0,34% e 0,59%. Na comparação com a versão sem paralelismo, a redução do tempo total foi de 83,1%, para 1.000 pontos e 82,4% para 10.000 pontos.

Diante do exposto, pode-se entender que a metodologia de resolução do Problema da Árvore de Steiner Euclidiano no $\mathbb{R}^n$, apresentada, abre uma nova linha de investigação para o problema. Os resultados iniciais são promissores e comprovam a robustez e a eficiência da abordagem proposta, obtendo resultados em problemas de porte não usual na literatura.

Os resultados projetam uma série de desdobramentos que podem contornar as restrições iniciais do problema.

A primeira proposta de trabalho futuro está na investigação da variante da versão assíncrona, em relação a ausência de impacto na qualidade da função de custo quando há a supressão da componente cognitiva da Meta-heurística de Enxame de Partícula.

Uma outra linha investigativa é a de se aplicar os algoritmos em conjuntos de pontos não confinados ao cubo de dimensões unitárias, visto que em todos os arquivos de teste utilizados no experimento, os pontos foram gerados, aleatoriamente, dentro deste limite. Espera-se com isto, verificar o impacto nos ganhos obtidos na função de custo, ou seja, na somatória das distâncias entre os pontos da árvore.

Ainda outra proposta é a alteração dos critérios de parada das implementações. Pode-se investigar para um critério que estabeleça um mesmo tempo máximo previamente fixado. Isto poderia levar o método proposto a realizar mais iterações, o que poderia levar a resultados melhores na função de custo.

Outrossim, uma investigação em problemas de maior dimensão espacial (n>3), e o impacto da dimensão na obtenção de resultados tanto no domínio do tempo e quanto no domínio dos custos.

REFERÊNCIAS

ALBA, E. **Parallel Metaheuristics:** A New Class of Algorithms. Hoboken, New Jersey: John Wiley & Sons, 2005.

ALFORD, C.; BRAZIL, M.; LEE, D. H. Optimization in Underground Mining. In: _____ **Handbook on Operations Research in Natural Resources**. Dordrecht/Boston/London: Kluwer Academic Publisher, 2006.

BRAZIL, M. et al. On the history of the Euclidean Steiner tree problem. **Archive for History of Exact Sciences**, v. 68, n. 3, p. 327-354, 2014.

CAVALIERI, B. F. **Exercitationes Geometricae Sex**. Bologna: Giacomo Monti, 1647.

CAVALLI-SFORZA, L. L.; EDWARDS, A. W. F. Phylogenetic analysis: Models and estimation procedures. **Evolution**, v. 21, p. 550-570, 1967.

COELHO FILHO, O. P.; MARTINHON, C. A.; CABRAL, L. D. A. F. **Uma Abordagem Melhorada do Algoritmo de Otimização por Enxame de Partículas para o Problema de Clusterização de Dados**. Simpósio Brasileiro de Pesquisa Operacional. Natal: [s.n.]. 2013. p. 2135-2146.

COSTA, W. W. et al. Application of Enhanced Particle Swarm Optimization in Euclidean Steiner Tree Problem Solving in R^n. In: PLATT, G. M.; YANG, X. S.; SILVA NETO, A. J. **Computational Intelligence, Optimization and Inverse Problems with Applications in Engineering**. Cham: Springer International Publishing, 2019. Cap. 4, p. 63-85.

COULOURIS, G. et al. **Distributed Systems:** Concepts and Design. 5th. ed. Boston: Addison-Wesley, 2012.

COURANT, R.; ROBBINS, H. **What is Mathematics?** London: Oxford University Press, 1941.

DU, D. -Z.; HWANG, F. K. State of the art on Steiner ratio problems. In: DU, D. -Z.; HWANG, F. K. **Computing in Euclidean Geometry**. Singapore: World Scientific, 1992. p. 163-192.

DU, D. -Z.; SMITH, W. D. Disproofs of Generalized Gilbert-Pollak Conjecture on the Steiner Ratio in Three or More Dimensions. **Journal of Combinatorial Theory, Series A**, 1996. 115-130.

DU, D.; HU, X. **Steiner Tree Problems In Computer Communication Networks**. Singapore : World Scientific Publishing Company, 2008.

EBERHART, R. C.; SHI, Y. **Comparing inertia weights and constriction factors in particle swarm optimization**. Proceedings of the IEEE Congress on Evolutionary Computation. San Diego: IEEE. 2000. p. 84-88.

FERMAT, P. D. Methodus ad disquirendam maximam et minimam. De tangentibus linearum curvarum, 1638.

GAREY, M. R.; GRAHAM, R. L.; JOHNSON, D. S. The Complexity of Computing Steiner Minimal Tree. **SIAM Journal of Applied Mathematics**, v. 32, p. 835-859, 1977.

GAREY, M. R.; JOHNSON, D. S. **Computers and Intractability:** A Guide to the Theory of NP-completeness. San Francisco: W. H. Freeman, 1979.

GERSTING, J. L. **Fundamentos Matemáticos para a Ciência de Computação**. 3ª. ed. Rio de Janeiro: LTC, 1998.

GILBERT, E. N.; POLLAK, H. O. Steiner Minimal Trees. **SIAM Journal on Applied Mathematics**, Philadelphia, v. 16, n. 1, p. 1-29, Jan 1968.

GOLDBARG, M. C.; LUNA, H. P. **Otimização Combinatória e Programação Linear:** Modelos e Algoritmos. Rio de Janeiro: Campus, 2000.

GROPP, W.; LUSK, E. L.; SKJELLUM, A. **Using MPI:** Portable Parallel Programming with the Message-Passing Interface. 2ª. ed. Cambridge, Massachusetts: The MIT Press, 1999.

HEINEN, F. A. **Über Systeme von Kräften**. Essen: Gymnasium zu Cleve, 1834.

HWANG, F. K. A linear time algorithm for full Steiner trees. **Operations Research Letters**, v. 5, p. 235-237, 1986.

KENNEDY, J.; EBERHART, R. Particle Swarm Optimization, 4, 1995. 1942-1948.

KUHN, H. Steiner's' problem revisited. In: DANTZIG, G. B.; EAVES, B. C. **Studies in Optimization**. New York: Mathematical Assn. of America, v. 10, 1974. p. 52-70.

MA, X.; LIU, Q. **A Particle Swarm Optimization for Steiner Tree Problem**. Proceedings of the 2010 Sixth International Conference on Natural Computation (ICNC 2010). Yantai, China: IEEE. 2010. p. 2561-2565.

MACULAN, N.; MICHEON, P.; XAVIER, A. E. The Euclidean Steiner Tree Problem in R^n. **Annal of Operations Research**, v. 96, p. 209-220, 2000.

MELZAK, Z. A. On the problem of Steiner. **Canadian Mathematical Bulletin**, v. 4, p. 143-148, 1961.

MONDAINI, R. P.; OLIVEIRA, N. V. The State of Art on the Steiner Ratio Value in R^3. **TEMA - Trends in Applied and Computational Mathematics**, Rio de Janeiro, v. 5, n. 2, 2004. ISSN 2179-8451.

MONTENEGRO, F.; TORREÃO, J. R. A.; MACULAN, N. Microcanonical Optimization Algorithm for the Euclidian Steiner Problem in R(n) with application to Phylogenetic Inference. **Physical Review E - Statistical Physics, Plasmas, Fluids and Related Interdisciplinary Topics**, v. 68, n. 5, p. 56702, 2003.

NEMHAUSER, G. L.; WOLSEY, L. A. **Integer and Combinatorial Optimization**. New York: Willey, 1988.

OLIVEIRA, N. V. **O Problema de Steiner e a Estrutura das Biomacromoléculas. Tese de D.Sc.** COPPE-UFRJ. Rio de Janeiro, Brasil. 2005.

PRIM, R. C. Shortest connection networks and some generalizations. **The Bell System Technical Journal**, New York, v. 36, n. 6, p. 1389-1401, November 1957.

RICH, E.; KNIGHT, K. **Artificial Intelligence**. New York: McGraw Hill, 1993.

ROCHA, M. L. **Aplicações de Algoritmos Paralelos e Híbridos para o Problema de Árvore de Steiner Euclidiana no R^n**. UFRJ/COPPE. Rio de Janeiro. 2008.

SIMPSON, T. **The Doctrine and Application of Fluxions**. 2ª. ed. London: Bell & Bradfute, 1823.

SMITH, W. D. How To Find Steiner Minimal Trees in Euclidean d-Space. **Algorithmica**, New York, v. 7, n. 2/3, p. 137-177, 1992.

SMITH, W. D.; SMITH, J. M. On the Steiner Ratio in 3-Space. **JOURNAL OF COMBINATORIAL THEORY, Series A**, 1995. 301-332.

TALBI, E.-G. **Metaheuristics:** From Design To Implementation. Hoboken, New Jersey: John Wiley & Sons, 2009.

TORRICELLI, E. De maximis et minimis. In: LORIA, G.; VASSURA, G. **Opere di Evangelista**. Faenza, Italia: Montanari, 1919.

VAN DEN BERGH, F.; ENGELBRECHT, A. P. A study of particle swarm optimization particle trajectories. **Information Sciences**, v. 176, n. 8, p. 937-971, 2006.

ZACHARIASEN, M. Local search for the Steiner tree problem in the Euclidean plane. **European Journal of Operational Research**, n. 119, p. 282-300, 1999.

ZANAKIS, S. H.; EVANS, J. R. Heuristic "optimization": why, when, and how to use it. **Interfaces**, Catonsville, v. 11, n. 5, p. 84-91, Oct 1981.

ZHONG, W.-L.; HUANG, J.; ZHANG, J. **A Novel Particle Swarm Optimization for the Steiner Tree Problem in Graphs**. 2008 IEEE Congress on Evolutionary Computation. Hong Kong, China: IEEE. 2008. p. 2460-2467.